A obra do artista

uma visão holística do Universo

Frei Betto

A obra do artista

uma visão holística do Universo

4ª edição

JOSÉ OLYMPIO
EDITORA
Rio de Janeiro, 2012

Contatos com o autor:
E-mail: mhpal@terra.com.br

EDITORA JOSÉ OLYMPIO LTDA.
Rua Argentina, 171 – 2º andar – São Cristóvão
20921-380 – Rio de Janeiro, RJ – República Federativa do Brasil
Tel.: (21) 2585-2060
Printed in Brazil / Impresso no Brasil

ISBN 978-85-03-01113-6

Atendimento direto ao leitor:
mdireto@record.com.br
Tel.: (21) 2585-2002

Capa: Sergio Liuzzi / Interface Designers

Livro revisado segundo o novo Acordo Ortográfico da Língua Portuguesa.

CIP-BRASIL. CATALOGAÇÃO-NA-FONTE
SINDICATO NACIONAL DOS EDITORES DE LIVROS, RJ

Betto, Frei, 1944-
B466o A Obra do Artista: uma visão holística do Universo / Frei Betto. –
4ª ed. 4ª edição. – Rio de Janeiro: José Olympio, 2012.

Inclui bibliografia
ISBN 978-85-03-01113-6

1. Cosmologia. 2. Astrofísica. I. Título.

CDD: 523.1
12-1099 CDU: 524

Agradecimentos

O autor agradece àqueles que, com dedicação e competência, tiveram o cuidado de conferir os dados deste livro, enriquecendo-o com críticas e sugestões (por ordem alfabética): Branca de Paula (escritora e filósofa), frei Carlos Josaphat Pinto de Oliveira (teólogo), Crodowaldo Pavan (geneticista), Cristiane Da Costa (médica e pesquisadora), J. Leite Lopes (físico, Centro Brasileiro de Pesquisas Físicas), Leonardo Boff (teólogo), Luis Carlos de Menezes (físico), Luiz Pinguelli Rosa (físico), Mara Kotscho (socióloga), Maria Clara Jorge (jornalista), Maria Helena Guimarães Pereira (jornalista), Moacir Lacerda (físico, Instituto Nacional de Pesquisas Espaciais), Newton Freire-Maia (cientista), Paulo Benevides (astrônomo da USP), Sílvia Pompéia (cientista ambiental) e Sueli Viegas (astrônoma da USP).

Aos queridos
Lena e Nicolau,
Bia e Bena,
com quem velejei estrelas.

SUMÁRIO

Não é possível investigar as maravilhas do Senhor.
Quando alguém chega ao fim, está apenas começando;
e, quando para, então fica perplexo.

Eclesiástico 18, 5-6

INTROITO

À minha frente, a ampulheta de cristal incrustado numa haste branca de nogueira. No lugar da areia, as cinzas de meus avós maternos. Duas vidas amalgamadas em um minuto. Então Javé falou ao peixe e este vomitou Jonas sobre a terra firme *(Jonas 2,11). O pó escuro escorria mais lento que a voracidade de meus pensamentos. Metade das cinzas, metade do tempo. Trinta segundos; vinte e nove; vinte e oito... dois segundos; um segundo. No fundo do cristal, a miniatura de um pico envolto em bruma, iluminado por pequenos sóis que oscilavam em volta. Reduzidos a cinzas, meu avô e minha avó repousavam, enquanto minha mente rodopiava célere.*

Eu tinha os olhos fixos agora na mão direita apoiada sobre o braço da poltrona de couro. Dentro do meu punho cerrado, o último segundo. A luz da tarde acenava em meu rosto através da janela da varanda. No horizonte, o mar engolia o Sol que tingia de rubro as águas e riscava, no céu, pinceladas verticais em tom pastel. Um bem-te-vi pousou atento no parapeito, moveu a cabeça à espreita, andou em pequenos saltos e alçou voo.

Aproximei-me da mesa de jacarandá coberta por uma toalha branca de linho. A cabeceira vazia esperava por meu avô que nunca mais viria sentar-se, malgrado a insistência de minha avó que se queixava de que ele não tirava os olhos do jornal e deixava a panqueca de espinafre esfriar. Ela também jamais ocuparia aquele lugar em que eu me encontrava, nem serviria o marido e o neto e comentaria, queixosa, que hoje na feira ficou espantada com o preço dos tomates e não gostou do aspecto murcho das alfaces. "São as chuvas", sussurrava meu avô, sem tirar os olhos da página de política.

Abri a mão e estendi à minha frente o segundo que apreendera, barbante etéreo que cabe em todos os espaços do tempo. Um último raio de Sol reverberava na janela da varanda e seu lampejo ofuscava meus olhos. Cegavam-me mil cristais no exato momento em que dei o primeiro corte no segundo com a lâmina de meu canivete. Outro corte e mais outro e mais outro. Atrás do horizonte, o Artista recolhia pincéis e aquarela, e apagava a luz do dia. Sem distinguir o que é mesa e o que é fração de tempo, prossegui retalhando. Meu braço era um instrumento mecânico que fazia um único e repetitivo movimento.

Pela manhã, o segundo estava seccionado em um tredecilhão de pedaços. Um precedido por quarenta e três zeros. Era o jardim de Planck. Para além, nenhum vislumbre, exceto a diderotiana emblemática contida na poesia. Ó noite que juntaste amado com amada, amada já no amado transformada, *cantaria o jovem prisioneiro de Toledo, João da Cruz, cerca de 13,7 bilhões de anos mais tarde.*

Agora, todo o Universo se encerra numa diminutíssima esfera de menos de um decilionésimo de nonilionésimo de octilionésimo de septilionésimo de sextilionésimo de quintilionésimo de quatrilionésimo de trilionésimo de bilionésimo de milionésimo de milésimo de centímetro. Um ponto dentro de um ponto dentro de um ponto dentro de um ponto. Segredos que carregamos e dos quais jamais admitimos resgatar a menor lembrança. O que precede a intenção e o gesto. O s antes da conjunção e que a faz r. Sopro e realidade.

O ponto era bilhões de vezes inferior ao tamanho de um núcleo atômico, que mede apenas menos dez trilionésimos de bilionésimo de milionésimo de milésimo de centímetro. Um precedido por treze zeros. Na ponta de meu canivete se poderiam agrupar bilhões e bilhões de universos como aquele. No entanto, ali estavam potencialmente contidas todas as galáxias, cada uma das estrelas, os elétrons que coroam os átomos dos meus lábios, o oxigênio que respiro, os fótons que permitem aos nossos olhos enxergarem a alegria reluzente em outros rostos. Vasto território de mundos na ponta da agulha do bordado que enfeita o linho da toalha que recobre a mesa do ágape.

Dentro do ponto, a temperatura era de cem nonilhões de graus centígrados. Um seguido por trinta e dois zeros. Algo inimaginável, exceto à matemática, que esquadrinha os meandros da Criação. Na Inglaterra, antes do último suspiro, em 1907, o barão William Thomson Kelvin imaginou o purgatório na mínima de -273,15 graus K, em homenagem ao próprio nome. Além deste limite, a física se cala para sempre. Se abrisse a boca, já não seria ciência, mas ficção. Mas ele acreditava que merecia o Céu à temperatura eterna de 23 graus.

Nenhuma matéria no ponto dentro do ponto dentro do ponto dentro do ponto. Uma sopa cósmica de partículas primitivas que interagiam entre si, livres de qualquer campo de força.

Bertula, a copeira, serviu-me um copo de suco de laranja. Minha língua enrugou-se ao toque do sabor ácido e doce. Ao atingir a idade de menos cem decilionésimos de nonilionésimo de octilionésimo de septilionésimo de sextilionésimo de quintilionésimo de quatrilionésimo de trilionésimo de bilionésimo de milionésimo de milésimo de segundo, o Universo mergulhou em sua era inflacionária. O vidro do copo vazio acastanhou-se do reflexo do jacarandá e espelhou meu rosto contraído pelas rugas. Os cabelos brancos, agora oxidados, pareciam tingidos de nicotina. Tinha os membros finos e rígidos, o dorso curvado e um filete de baba escorrendo pelo canto esquerdo da boca. Bertula, tarde da noite, veio retirar o copo e indagou o que eu fazia sentado à mesa há milhões e milhões de anos. "Aguardo que se complete menos cem nonilionésimos de octilionésimo de septilionésimo de sextilionésimo de quintilionésimo de quatrilionésimo de trilionésimo de bilionésimo de milionésimo de milésimo de segundo." Ela me lançou um olhar estranho e se retirou.

Foi então que vi, através do sonho, a Criação. Criar é deixar fluir as energias divinas que nos impregnam. Criamos pela dança, multiplicando as formas do corpo em infinitos gestos e perfis; pela poesia, balbuciando a linguagem paradoxal dos anjos; pela ficção, dando vida ao imaginário. Criar é um ato religioso, mesmo dentro de um laboratório. Uma forma sutil e dinâmica de oração, na qual o que há em nós de mais feroz e sublime se funde em matéria de ofertório. Todo artista é um clone de Deus. E toda arte, uma pálida tentativa de expressar a linguagem do Absoluto que ressoa no mais íntimo de nós, permitindo-nos mirar o real pela ótica da estética. Só assim transcendemos a realidade e nos tornamos capazes de reinventá-la, modificando-a, humanizando-a, fazendo dela espaço de amorização. Comum união de todos e de tudo.

Envolto em devaneios, fitei o vidro do copo trespassado pelo Sol da manhã. Meu rosto fulgurava. Na minha mente, prosseguia o filme da obra do Artista.

1

NENHUMA CERTEZA ESCAPA ÀS NOSSAS DÚVIDAS

Todo o conhecimento humano,
incluindo artes e ciências,
tem conexões.

Murray Gell-Mann

Desde a publicação do best-seller de Stephen Hawking, *Uma breve história do tempo,* cresce o interesse pela busca de novos paradigmas demarcados pela atual cosmologia e a física quântica. Paradigmas são "sínteses" científicas, filosóficas ou religiosas que servem de referência modelar para determinada época ou grupo humano. São exemplos a filosofia de Platão, a teologia de Santo Tomás de Aquino, a concepção política de Maquiavel, a filosofia de Descartes, a física de Newton, o liberalismo e o marxismo. Eis os pilares da visão de mundo ou cosmovisão de todos nós que habitamos a esquina onde termina o segundo milênio e se inicia o terceiro.

Em plena crise das ideologias, muitos se voltam para o terreno supostamente sólido das ciências ou mergulham no imponderável voo das correntes esotéricas. As grandes instituições — família, Igreja, escola etc. — parecem não mais corresponder ao papel de norteadoras das novas gerações. Na versão pós-moderna, Protágoras diria que cada um é a medida de si mesmo. E o valor de hoje pode ser descartado amanhã, dependendo das conveniências do mercado.

Contudo, nem todos se perdem nas veredas do absurdo ou se deixam tragar pelo consumismo hedonista que faz do mercado o deus que monitora desejos e projetos. Há no espírito humano um profundo instinto de sobrevivência que o faz transcender situações e épocas e reinventar o futuro. Esse instinto exerce uma atração irresistível na direção do âmago de nosso ser, no mais íntimo de si mesmo, e do rumo das estrelas, esses pontos de luz que encerram uma escrita que, talvez, possa nos revelar a razão pela qual aqui estamos a desfrutar de uma vida que culmina na morte.

Encanta-nos a ideia de que a humanidade avançou do Universo geocêntrico de Aristóteles ao Universo heliocêntrico de Copérnico, ampliado pelo Universo de Newton e, agora, descobre o de Einstein, Hubble e Hawking. Quando se modifica o desenho cósmico no fundo do caleidoscópio, também muda nossa maneira de entender o mundo e nele se situar. Hoje nos encontramos no limiar de uma nova cosmologia, fruto da convergência entre a astrofísica (que trata do infinitamente grande) e a física quântica (que trata do infinitamente pequeno). Dados colhidos pelo *Hubble* — o supertelescópio orbital dos Estados Unidos (Estados Unidos da América), lançado ao espaço em 25 de abril de 1990 — talvez provoquem, em nossa compreensão dessa morada cósmica que nos abriga, os mesmos impactos causados pelos cálculos de Copérnico, o telescópio de Galileu, a lei da gravidade de Newton e a teoria da relatividade de Einstein.

Considerável parcela de minha geração foi formada na concepção de que o determinismo histórico seria inexorável e corresponderia às leis objetivas existentes no mundo natural. Mesmo reticentes a toda corrente filosófica que professa o ateísmo como convicção religiosa, muitos de nós chegaram a acreditar que as leis do materialismo dialético representavam a suprema objetivação da mente humana. Bastava saber aplicá-las aos fenômenos naturais e históricos para poder apreendê-los em sua gênese e futuro. Com toda aquela catedral dogmática implantada na cabeça, alguns de nós entraram em contato com a física. A teoria geral da relatividade modificara o nosso conceito de tempo e espaço. Tivemos de abandonar a ideia de um amplo espaço como palco dos fenômenos físicos e de um tempo que, à parte, flui no mesmo ritmo, do passado ao futuro, via presente. Orígenes supunha que o tempo é ilimitado e infindável. Ora, o tempo, como o espaço, nasceu com o Universo. Antes que algo fosse, tempo e espaço também não eram.

Surpreendemo-nos, entretanto, ainda apegados a velhas concepções. Não é fácil abandonar arraigados paradigmas. Trafegamos, confusos, pelo método empírico-indutivo de Bacon, a filosofia analítico-dedutiva de Descartes, a física mecanicista de Newton, perplexos diante do espetáculo "pós-moderno" onde "tudo que é sólido se desmancha no ar". Olhamos para trás, vemos o passado de nossas vidas, da história de nosso país e do mundo. Miramos em frente, desvendamos um futuro ideal, mesmo conscientes de que, quando ele se tornar presente, será diferente de nossas quimeras. O presente, sim, não passa de um ponto infinitamente pequeno, diminuta ponte entre o que foi e o que será.

Ainda assim, como conceber que o tempo não flui na direção do presente que se transmuta em passado ao prenunciar o futuro? Futuro que parece, hoje, condenado a perpetuar o presente. Quem se arrisca a predizer a morte do neoliberalismo? O que é tem ares de eterno. Basta conferir o empenho dos que ocupam o topo da pirâmide social com a preservação glamourosa de suas formas físicas. O elixir da eterna juventude pode, enfim, ser adquirido em qualquer academia de ginástica. Falta apenas inventar o xarope que evite a imbecilização de quem não malha o espírito e pensa que cultura é cercar-se de sofisticada parafernália eletrônica, submergido pelos encantos sensitivos do mero entretenimento.

Agora, quando se constata que alguma coisa na esfera subatômica parece contradizer todas as leis, não apenas da dialética, mas também da natureza, o determinismo histórico passa ao museu da história das ideias. Recomenda-se cautela para que não se jogue fora Marx com a água da bacia. O impacto quântico é mais forte do que se pensa. O próprio Einstein relutou em aceitar os desafios da esfera quântica. Parecia-lhe intolerável a ideia de que um elétron exposto à radiação possa, "por sua livre vontade" — como disse ao físico alemão Max Born —, escolher que direção tomar.

Na esfera do infinitamente pequeno, a ciência é obrigada a ingressar no imprevisível e obscuro reino das probabilidades. O *princípio da indeterminação*, descoberto por outro físico alemão, Werner Heisenberg, revoluciona nossa percepção da natureza e da história. E nos faz tomar consciência de que, na natureza, a incerteza quântica não se faz presente apenas nas partículas subatômicas. Bilhões de anos após a predominância quântica no alvorecer do Universo, um estranho e inteligente fenômeno despontaria dotado de imprevisibilidade inerente a seu livre-arbítrio: os seres humanos.

Enquanto viveu, Einstein ainda conservou a esperança de que alguém iria reatar as pontas dos fios que se haviam rompido pela força do princípio da incerteza. Perplexo diante do acaso, reagiu como um médico junto ao filho irremediavelmente doente e exclamou: "Deus não joga dados!" Malgrado sua indignação, aí estão os dados e não há lei ou cálculo que preveja o número que vai dar. Por isso, vale perguntar se, de fato, há fronteiras definidas entre a física quântica e a filosofia, incluindo a metafísica.

Onde estão as fronteiras, senão nos limites de nossa própria visão? Ora, o Mistério não pode ser apreendido por palavras ou equações. Ainda é comum encontrarmos pessoas que acreditam que há duas realidades, uma profana e, outra, religiosa. A atual cosmologia, com certeza, virá ampliar os nossos horizontes e a física quântica nos ajudará a perceber que, uma vez assegurados os direitos humanos, a liberdade consistirá na ousadia de mergulhar em si mesmo, lá onde o encontro consigo faz descobrir um Outro que, não sendo eu e sendo radicalmente diferente de mim, me devolve a mim mesmo, à minha verdadeira identidade. Dessa fonte subjetiva brota a energia que deveria mover a humanidade: o amor.

*

Nossos sentidos só percebem três dimensões da estrutura quadridimensional do Universo — altura, largura e comprimento. O tempo é a quarta dimensão. O velho Euclides, no século III a.C. (antes de Cristo), já ensinava a geometria em duas e três dimensões. Se você desenhar um triângulo sobre uma folha de papel pousada na mesa, a soma de seus ângulos será de 180 graus. Se erguer a folha e curvá-la, formando uma esfera, estará acrescentando à sua figura geométrica uma terceira dimensão, a altura, que dá sensação de profundidade. Verá, então, que a soma dos ângulos do triângulo desenhado sobre a superfície esférica é maior que 180 graus. E será menor se desenhar o triângulo sobre a sela de um cavalo. Assim, a distância mais curta entre dois pontos, numa superfície plana, é uma reta. Isso foi aceito até que Einstein — precedido por Riemann no que concerne à geometria terrestre — rompeu com a geometria euclidiana, mostrando que numa esfera ou hipérbole a distância mais curta é uma curva.

O alemão Albert Einstein, metido durante dez anos em complexas equações (1905-1915), plantou e colheu, na primavera de 1916, uma preciosa flor que mudaria para sempre a configuração de nosso jardim cósmico: descobriu que a matéria curva o espaço, como as bolas de gude no bolso de um garoto envergam o tecido da calça. Demonstrou que toda massa dobra o espaço em torno de si, como uma esfera de aço curva o elástico em cuja superfície se apoia. É a distribuição de matéria e de energia no Universo que determina a estrutura geométrica do espaço-tempo, sobretudo a sua curvatura.

Como exemplifica o físico brasileiro Luiz Pinguelli Rosa, se o Sol atrai a Terra, não é porque ele é o centro de uma força gravitacional atuando à distância, como pensava Isaac Newton, e sim porque ele encurva o espaço em torno dele, obrigando o nosso planeta a aproximar-se pelo "plano inclinado". E, ao deslocar-se, a Terra o faz em determinada velocidade, ou seja, num certo tempo. Portanto, o próprio espaço-tempo é curvo. Assim, a gravitação é a aceleração dos objetos que deslizam por seus caminhos no tempo, através das ondulações do espaço. Ao provocar, com a sua massa, uma alteração no espaço à sua volta, o Sol cria uma depressão onde os planetas circulam como que cercados por paredes curvas e invisíveis de um globo da morte no qual motociclistas de circo arriscam a vida.

Na linguagem comum, "massa" costuma ser utilizada como sinônimo de "peso". Para a física, massa traduz uma propriedade específica da matéria: sua resistência para mudar de movimento. É preciso maior força para mover um carro do que um velocípede, pois o primeiro tem mais massa que o segundo. Para a física clássica, a massa de um corpo é uma propriedade fixa e imutável. Assim, a massa de um carro deveria permanecer constante tanto quando ele se move a 80 quilômetros por hora (km/h) como quando é lançado ao espaço a 80 quilômetros por segundo (km/s). Porém, a teoria da relatividade comprova que a massa de um corpo em movimento se acrescenta com a sua velocidade. A expressão "teoria da relatividade", como explica Einstein, está ligada ao fato "de que o movimento, do ponto de vista da experiência possível, aparece sempre como o movimento de um objeto em relação a outro (por exemplo, de um automóvel com referência ao solo, ou da Terra em relação ao Sol e às estrelas fixas)". Nossa apreensão do tempo não depende também da relação entre a ação desempenhada e a motivação subjetiva? Cinco minutos na fila do supermercado não duram cinco horas? E cinco horas numa animada festa não passam como cinco minutos? "Passe uma hora com uma linda garota e a hora parecer-lhe-á um minuto; passe um minuto em cima de um fogão quente e o minuto parecer-lhe-á uma hora. Assim é a lei da relatividade", exemplificou Einstein.

Newton concebeu a gravidade como uma força que atua entre objetos diferentes, enquanto Einstein a considerou como efeito da massa na geometria do espaço. Para o britânico que, como Adão, passou a figurar no imaginário popular por causa de uma maçã, o objeto de maior massa *atrai* o de menor massa. Para o alemão que previu em sonhos suas mais importantes teorias, o objeto de maior massa *traz* para junto de si o de menor massa.

A física de Newton afirma que uma nave viajando em torno da Terra é desviada de sua trajetória em linha reta pela força de gravidade do nosso planeta. Einstein provou que não é assim. A nave não se submete a nenhuma força, mas prossegue em sua trajetória uniforme, obedecendo à primeira lei de Newton, a da inércia, num espaço-tempo curvo. Se você dirige em velocidade moderada numa estrada bem construída, ao chegar numa curva seu carro a contorna sem que você precise virar o volante ou reduzir a velocidade. O carro continua em movimento uniforme. O mesmo ocorre nas montanhas-russas seguras: o desenho das curvas faz com que os passageiros permaneçam sentados em seus vagões apesar das curvas, das depressões e das sacudidelas. Portanto, a atração gravitacional não é uma força misteriosa que atua entre os objetos — como costuma ocorrer entre pessoas —, mas efeito da curvatura do espaço. Assim como a massa é desviada pelo encurvamento do espaço, o mesmo ocorre com a luz.

Baseado em cálculos feitos no papel, Einstein assegurou que a luz das estrelas que viaja até nós curva-se quando passa próxima a um corpo maciço como o Sol. Porém, como observar estrelas perto do Sol e comprovar a teoria, se a luz solar nos cega? Só mesmo por ocasião de um eclipse total. A chance surgiu em 29 de maio de 1919, quando um eclipse total seria melhor observado do hemisfério Sul. Sob supervisão do astrofísico inglês Arthur Eddington, os poucos minutos de duração do eclipse foram fotografados de Sobral, no Ceará, e da Guiné Equatorial. Três dias depois, compararam-se as fotos reveladas com um campo estelar sem presença do Sol, confirmando a teoria de Einstein. O resultado foi anunciado, com grande alvoroço, na reunião conjunta da Royal Society e da Royal Astronomical Society, em 6 de novembro de 1919. "E se as fotos não tivessem comprovado os seus cálculos?", perguntaram a Einstein. Ele respondeu lacônico: "Eu teria ficado com pena do bom Deus, pois minha teoria estava correta."

Einstein obrigou-nos a acrescentar o tempo ao espaço tridimensional. Desde então sabemos que o Universo é quadridimensional, no *continuum* espaço-tempo. Uma ferrovia é um *continuum* unidimensional de espaço, sobre o qual o maquinista do trem pode assinalar sua posição tendo uma estação como referência. A superfície do mar é um *continuum* bidimensional, e as referências, mediante as quais o comandante do navio fixa a sua posição, são a latitude e a longitude. O piloto guia seu avião através de um *continuum* tridimensional, pois, além de considerar latitude e longitude, deve observar também altura em relação ao solo. Percebemos o espaço como o piloto de avião — um *continuum* de três dimensões. Porém, qualquer acontecimento físico que implica movimento não pode ser apreendido apenas situando sua posição no espaço. É preciso indicar também como se modifica sua posição no tempo. Para a torre de controle, não basta informar que o avião se encontra em latitude *x*, longitude *y* e altitude *z*. É necessária também a coordenada tempo — a quarta dimensão.

Irmãos siameses, espaço e tempo são intimamente solidários. Não se pode separá-los, como costuma fazer a nossa imaginação. Essa separação é estritamente subjetiva. Todas as medições de tempo são, de fato, medições no espaço e, ao contrário, as medições de espaço dependem das medições de tempo. Segundos, minutos, horas, dias, semanas, meses, estações e anos são medidas da posição da Terra no espaço em relação ao Sol, à Lua e às estrelas. O meio-dia é apenas um ângulo do Sol. Respeitadas as diferenças de escala e de natureza, a interdependência entre espaço e tempo é tanto mais evidente quanto maior for a velocidade dos corpos, que é um espaço percorrido num determinado tempo. E uma das consequências disso é: quanto mais rápido se atravessa uma certa distância no espaço menos depressa se envelhece.

Isso parece válido também para o tempo psicológico. Quanto mais a nossa mente se apega ao tempo, atolada no viscoso terreno da ansiedade ou retida à nostalgia, mais devagar atravessamos os dias que nos são dados viver e mais depressa envelhecemos. Aqueles que vivem aqui e agora, sem pressa do que virá e nem vontade de retornar ao que passou, permanecem joviais e saudáveis, mesmo em idade avançada. No entanto, pressionados pelo ritmo da vida moderna, nossa cabeça viaja por mil ideias e fantasias, enquanto o nosso corpo permanece no mesmo lugar. À noite, comemos de olho na TV, escutando sem atenção a pessoa ao nosso lado e recordando a palavra áspera que, no trabalho, gravou uma dobra de ressentimento em nossa subjetividade. Não podemos "perder tempo". Competimos com parentes, colegas de profissão, amigos e, inclusive, com nós mesmos. Tamanha onipotência é o caminho mais curto para o infarto e outras enfermidades, precedidas pelo mau humor, o estresse, a infelicidade. Aqueles que conseguem viver o aqui e agora sabem ganhar tempo — de vida, de alegria, de dedicação aos detalhes do cotidiano e aos grandes projetos empreendidos.

Não há rupturas com o que nos precede. Colhe-se, no presente, o que se plantou no passado.

*

O cientista fotografado um dia com a língua de fora e considerado por muitos o maior gênio do século XX promoveu, com a teoria da relatividade geral, o casamento entre a física gravitacional de Newton e a geometria do espaço curvo. Esse gesto de cupido foi a principal conquista de Einstein? Talvez a mais gratificante teria sido resolver um antigo dilema que o perturbava: afinal, o Universo é infinito e ilimitado ou finito e limitado? Ele desconfiava que infinito não era, pois se no céu noturno há mais zonas escuras do que pontos brilhantes, então as estrelas seriam finitas e poderiam ser contadas. Aristóteles admitia que o espaço total do Universo era finito e que, além da esfera das estrelas, não havia espaço. Kant defendia que não há uma resposta racional à questão se o espaço é finito ou infinito, já que a totalidade do Universo não pode ser objeto de nossa experiência.

O Universo é limitado ou ilimitado? Há quem reconheça em seu movimento algo parecido a essas danças juvenis, em que se dão dois passos para trás e um para a frente. Ou a um balão ou bexiga que, soprado por uma criança, murcha e é reenchido. Ele se expandiria até um certo ponto, um limite no qual daria dois passos atrás, contraindo-se para, de novo, dar um passo à frente, reiniciando a expansão. Nessa hipótese, o Universo em pulsação seria ilimitado no tempo, mas limitado no espaço.

E seria aberto ou fechado? Mais de 90% da matéria do Universo ainda são invisíveis para nós. Não se sabe ao certo se ele é aberto e se expandirá para sempre; ou fechado e vai acabar se contraindo. Talvez o Universo seja infinito, capaz de dilatar indefinidamente o espaço que ocupa; talvez seja finito e se curve sobre si mesmo. Segundo a teoria da relatividade, o Universo teria tanta massa que, como uma esfera, curvaria o espaço sobre si mesmo. Se uma nave espacial viajasse milhões de anos em linha reta, um dia voltaria ao seu ponto de partida, circunavegando o Universo, assim como a caravela de Fernão de Magalhães circunavegou a Terra no século XVI, provando que ela é redonda. Nessa hipótese de um Universo fechado, ele seria ilimitado, pois não teria fronteiras, embora finito. Um Universo aberto seria hiperbólico, curvo como uma sela de cavalgar, sem nunca se fechar sobre si mesmo. A nave que viajasse em linha reta nunca retornaria ao seu ponto de partida. Há ainda uma terceira hipótese, a do Universo plano, proposta por Einstein e De Sitter em 1932: o espaço seria plano como o espaço euclidiano, mas pontilhado por ondulações, devido às concentrações locais de massa — galáxias, o Sol, a Terra, por exemplo. Algo assim como uma superfície elástica estendida contendo pedras.

A resposta certa depende se a sua densidade é maior (fechado), igual (plano) ou menor (aberto) que a sua densidade crítica, o que a ciência ainda não logrou medir com precisão. Tal medição exigiria, entre outras coisas, resolver o enigma se as partículas subatômicas conhecidas como neutrinos têm massa ou não.

Perdura a dúvida se a expansão do Universo cessará um dia. Isaac Newton sugeriu, no século XVII, que se a matéria universal estiver proporcionalmente distribuída por um espaço finito, toda ela tenderá a cair para dentro, formando uma grande massa esférica. Mas, se o espaço for infinito, não haverá centro no qual cair. O meteorologista russo Alexander Friedmann, baseado em Einstein, observou que se a densidade média da matéria no Universo for menor ou igual a certo valor crítico, então ele será espacialmente infinito, e sua expansão, eterna. Porém, se ultrapassar esse valor crítico, o campo gravitacional gerado pela matéria curvará o Universo sobre si mesmo — o que significa que ele é finito, embora ilimitado, como a Terra, sobre a qual podemos caminhar em linha reta sem jamais chegar a nenhum limite. Se pudéssemos saber quanto de deutério — que é o hidrogênio pesado, com um nêutron adicional — havia no Universo primitivo, antes de surgirem as primeiras estrelas, poderíamos esclarecer o enigma se o Universo é aberto ou fechado. Mas poderemos fazê-lo algum dia? Teoricamente, sim, observando a parcela cósmica acessível aos nossos instrumentos de medição e calculando o valor de densidade necessário para contrabalançar a força expansiva. Se a densidade real calculada for menor que esse valor, o Universo se expandirá indefinidamente, aberto tendencialmente ao infinito. Caso contrário, assim como ele teve um início, terá um fim, dentro de um tempo limitado.

Então, por que não se mede sua densidade crítica? O próprio Einstein considerava tal projeto "uma esperança ilusória". Na parcela observável do Universo, a distribuição de massas é tão irregular que invalida qualquer projeção que se faça do cálculo desse volume ao conjunto do cosmo. Mesmo na parcela observável não há consenso entre os cientistas quanto ao caráter material de certos fenômenos. Mas, por enquanto, tudo isso são hipóteses. De preciso mesmo, sabemos que o Universo evolui e as galáxias se afastam umas das outras. Estamos imersos num grandioso baile. A teoria da relatividade geral comprovou que há um número limitado de estrelas situadas num volume finito de espaço, sugerindo que o Universo é finito, mas ilimitado. No Universo de Einstein não há linhas retas, apenas geodésicas ou grandes círculos. E o espaço, apesar de finito, não tem fronteiras.

Como a matéria curva o espaço, a soma total das galáxias arredonda o espaço à sua volta, produzindo um cosmo esférico, quadridimensional. De qualquer ponto que você observar, verá as galáxias se projetarem rumo aos subúrbios do espaço, em todas as direções. Talvez não haja fronteiras em torno que o impeçam de expandir-se ainda mais. Aliás, em duas dimensões a superfície da Terra é também finita e ilimitada. Pode-se caminhar por toda a superfície do planeta sem jamais chegar a um ponto que seja parecido ao limite imposto pelas beiradas de um telhado. Talvez o mesmo ocorra com o Universo, cujo espaço seria fechado, como um arco que se dobra sobre si mesmo.

Einstein não encontrou resposta para a pergunta se o Universo é hiperbólico e aberto ou esférico e fechado, mas concluiu que ele é curvo. Se isso for verdade e você for capaz de olhar para a frente com olhos bem penetrantes, verá o corte de cabelo em sua própria nuca.

2

SOMOS TÃO NATURAIS QUANTO UMA ABÓBORA

Os animais são parentes dos homens,
e os homens, parentes dos deuses.

Pitágoras

Há 2.500 anos os gregos começaram a observar o céu com acuidade. Assírios, babilônios, hinduístas, vedas, egípcios, astecas e maias, entre outros povos e grupos religiosos, há milênios desenharam suas visões cosmológicas. Mais tarde, os teólogos cristãos, influenciados pelo dualismo platônico — que considera alma e corpo realidades distintas e conflitivas entre si —, acolheram com alegria a teoria aristotélica de um Universo composto de vários elementos. Passaram a acreditar que tudo o que se acha abaixo do céu seria mutável, decadente e corruptível, enquanto o que se encontra acima da Terra seria imutável, permanente e incorruptível.

A cosmologia elaborada por Aristóteles por volta do ano 350 a.C. — que, aliás, foi arquitetada por Calipo, seu assistente, que de estrelas entendia mais do que ele — caiu, mais tarde, como uma luva para a Igreja, que pregava ter sido o Universo criado por Deus exatamente como ele se nos apresenta hoje. O tempo e, portanto, a evolução, estavam descartados daquela visão fixista. Graças a Ptolomeu, astrônomo egípcio do século II, essa concepção foi mantida ao longo de mil anos.

Contudo, as estrelas, que nunca leram Aristóteles nem tomam conhecimento das leis da Igreja, continuaram a sofrer mutações, quebrando a harmonia da cosmologia do filósofo grego. A grande surpresa ocorreu em fins do século XVI e princípio do século XVII, quando duas estrelas explodiram, transformando-se em supernovas. *Super*, porque antes de explodir uma estrela chega a aumentar até 100 milhões de vezes o seu brilho, qual vedete de Las Vegas sob focos de luz em seu show de despedida dos palcos. *Nova*, porque poucas são as estrelas visíveis sem a ajuda de um telescópio e, portanto, a olho nu parecem novas, como se surgidas do nada.

Uma supernova despontou na noite de 11 de novembro de 1572, e outra, 32 anos depois, em 1604. É provável que há 225 milhões de anos a explosão de uma supernova tenha banhado a Terra de radiações e destruído a camada de ozônio, provocando a extinção em massa de espécies animais e vegetais. Pelo que se tem notícia, a última a se despir perante olhos humanos, a supernova de Shelton, foi vista em 1987, por astrônomos dos Andes chilenos e da Austrália, e era uma estrela gigante azul, que explodiu na Grande Nuvem de Magalhães, minigaláxia vizinha à Via Láctea, situada a apenas 180 mil anos-luz da Terra. *Apenas* porque há estrelas e galáxias muito mais distantes de nós.

Nas estradas do Brasil, as distâncias são medidas em quilômetros, cada um com 1.000 m (metros). No espaço, são medidas pelo tempo que a luz leva para viajar, no vácuo, durante 365 dias. Ora, até agora não se conhece nada que viaje mais rápido do que a luz, embora os boatos do mercado financeiro pareçam circular com maior velocidade. Em repouso, ela não tem massa e se desloca à velocidade de aproximadamente 300 mil km/s. Em 12 meses, a luz percorre cerca de 9 trilhões e 500 bilhões de km, o que equivale a 1 ano-luz. Assim, toda vez que você quiser saber a distância, em quilômetros, entre a Terra e uma estrela ou entre a Via Láctea e outra galáxia, multiplique os anos-luz que as separam por 9,5 trilhões. E, se pretende viajar, não desanime! Exceto um Júlio Verne, quem nos séculos passados poderia imaginar que, no mesmo dia, uma pessoa teria condições de tomar o café da manhã em Paris e jantar no Rio de Janeiro?

Hoje, o avanço tecnológico desmente o provérbio "tudo que sobe, desce". Quanto mais rápido o movimento de um corpo, mais ele escapa à gravidade da Terra. As naves espaciais têm uma velocidade de escape crítica em torno de 11 km/s. Para viajarmos para fora do sistema solar, precisaríamos de uma velocidade de escape de 618 km/s. Quem sabe daqui a 5 bilhões de anos, quando o Sol tiver queimado todo o seu combustível, haja condições de um forte movimento migratório rumo à galáxia de Andrômeda... Isso se muito antes a Terra não extinguir-nos, reagindo de maneira violenta e destrutiva aos estragos que temos feito nela.

*

Mais ousado do que imaginar viagens interestelares é percorrer as difíceis veredas que conduzem a humanidade do obscurantismo à ciência e dos preconceitos à tolerância, porta de entrada da verdade. Charles Darwin, autor de *A origem das espécies,* ocultou, durante certo tempo, a sua teoria da evolução. Darwin vivia doente, queixando-se de intensas dores de cabeça, derramando-se em vômitos e contraindo-se em palpitações cardíacas. Sofria os efeitos de um conflito íntimo, como quem somatiza um drama de consciência. Ele, que sonhara ser sacerdote, fora levado por caminhos que o tornaram autor de uma teoria que, como a física de Galileu no século XVII, faria a Igreja vociferar também no século XIX. Chegou a confidenciar a seu amigo Joseph Hooker que, ao admitir o parentesco entre o ser humano e os símios, ficou-lhe o sentimento de culpa de quem comete um crime, um verdadeiro parricídio — o assassinato de Adão.

Nicolau Copérnico também foi cauteloso em divulgar sua teoria heliocêntrica. Nascido no norte da Polônia, em 1473, graças a seu influente tio, Lucas Waczenrode, bispo de Warnia, Copérnico teve o privilégio de frequentar as universidades de Bolonha e Pádua quando ali germinava o movimento que encerraria a época medieval: o Renascimento. Aos 30 anos, já havia lido Platão, Aristóteles, Arquimedes, Euclides, Plutarco, Ovídio, Virgílio e Cícero, favorecido pela invenção da tipografia três décadas antes de seu nascimento. Em 1514, o papa pediu-lhe que fizesse uma reforma do calendário. Aceitou, convencido de que era preciso reconsiderar o movimento dos corpos celestes. Ao estudar o *Almagesto* de Ptolomeu, do qual possuía ao menos duas edições, percebeu as deficiências que transparecem na prolixidade das proposições. A ciência é o avesso da arte. Toda verdadeira descoberta científica deve corresponder à harmonia demonstrada pela natureza. E o modelo geocêntrico de Ptolomeu, embora do agrado da Igreja, era complexo e carecia de beleza.

"Um sistema desse tipo", escreveu Copérnico a respeito da elaboração ptolomaica, "não parece suficientemente absoluto nem suficientemente agradável à mente."

Ele sabia também que, desde a Antiguidade, o Sol e as estrelas haviam sido contemplados por quem tem os pés na Terra. Pois não se pode ignorar a força ideológica da Bíblia, que proclama que Deus se encarnou e viveu como homem aqui neste planeta. Não seria este um sinal evidente de que vivemos no centro em torno do qual tudo se move? Ora, ao beber nas perenes fontes da Antiguidade clássica, o Renascimento aprendeu que a ciência é filha da verdade e não da autoridade. Imbuído dessa mentalidade dessacralizadora, quase iconoclasta, e da convicção de que não há barreiras à pesquisa, Copérnico ousou inverter a posição do observador e imaginou-se com os pés no Sol. Sua conclusão, a de que vivemos num sistema heliocêntrico, foi registrada no *De Revolutionibus* e provocou, de fato, uma autêntica revolução.

Entretanto, ele não foi o primeiro a descobrir a estrutura heliocêntrica do sistema solar. Com certeza lera nas *Obras morais* de Plutarco que Aristarco de Samos "supunha que os céus permanecem imóveis e que a Terra se move num círculo oblíquo, girando ao mesmo tempo sobre seu próprio eixo". E devia conhecer também a opinião de Nicole d'Oresme, manifestada no século anterior ao seu, de que "se um homem nos céus, movido e arrastado pelo movimento diário desses céus, pudesse ver a Terra distintamente, e suas montanhas, vales, rios, cidades e castelos, teria a impressão de que ela se movia diariamente, tal como a nós, na Terra, parece que os céus se movem... Poderia então acreditar que a Terra, e não os céus, é que se move". Mas Copérnico, como homem de seu tempo, deixou-se atrair pelo culto neoplatônico do Sol, do qual nem mesmo a Igreja escapou ao comparar Cristo ao astro-rei. Chegou a destacar no *De Revolutionibus* — que só foi publicado no ano de sua morte, em 1543 — que o Sol é "chamado por alguns de Lanterna do Universo, por outros de A Mente do Universo e, por outros ainda, de seu Governante".

Suas conclusões tardaram a vir a público, pois não há ciência sem implicações ideológicas e essas, por vezes, servem de pedra de tropeço à objetividade científica. Copérnico incorreu no equívoco de se deixar encantar pelas esferas platônicas, as mesmas que já haviam seduzido Aristóteles e Eudóxio. Sua aguçada sensibilidade, que o fizera desconfiar de Ptolomeu, induziu-o a acatar a harmonia das concepções gregas, como se toda simetria estivesse mais próxima da realidade. Assim, acreditou que os planetas giravam em órbitas circulares e velocidades constantes. Mas teve o cuidado de não se esquecer de que a Europa ainda se movia na órbita da Igreja. Por isso considerou prudente não se apressar em publicar sua teoria heliocêntrica. Permitiu apenas que um esboço manuscrito circulasse entre especialistas. Só veio a admitir que o *De Revolutionibus* fosse editado quando já se encontrava no derradeiro abrigo, no qual a Inquisição não poderia mais alcançá-lo: o leito de morte. Ainda assim, o teólogo luterano Andreas Osiander, que prefaciou a obra, achou melhor sublinhar apenas que o sistema copernicano era uma mera descrição matemática, o que não significava que o Sol ocupasse o centro em torno do qual girariam os planetas... E deixou seu texto sem assinatura, de modo a dar a impressão de que fora redigido pelo próprio Copérnico.

A bomba, entretanto, explodiu com a publicação do livro, deslocando, da Terra para o Sol, o eixo do mundo. Mesmo o nascente protestantismo sentiu-se ofendido ao ver este planeta relegado à condição de uma entre as tantas contas que ornamentam o colar do sistema solar. "Quem se aventura a pôr a autoridade de Copérnico acima do Espírito Santo?", bradou Calvino. Lutero também não se conteve e denunciou que "esse idiota quer inverter toda a ciência da astronomia; mas a Sagrada Escritura nos diz que Josué mandou que o Sol parasse, e não a Terra".

A Igreja Católica teve, de início, uma reação mais tolerante. Dez anos após a morte de Copérnico, o chanceler austríaco Johann Albrecht von Widmanstadt expôs ao papa Clemente VII, nos jardins do Vaticano, os aspectos fundamentais da teoria heliocêntrica. A reação foi positiva. Não obstante, 80 anos após a sua publicação, a Igreja acabou incluindo o *De Revolutionibus* no *Index,* a lista dos livros proibidos, onde figurou até 1835.

Se o magistério eclesiástico já conhecia as ideias de Copérnico desde 1533, como se explica a perseguição a Galileu no século XVII? O físico brasileiro Moacir Lacerda sugere que, talvez, por ele ter escrito em toscano e, portanto, permitido ao povo o acesso às suas teorias. Deve ter pesado também sua atitude, considerada ousada e mesmo irreverente, de desafiar a autoridade papal ao "legislar" sobre os fenômenos da natureza.

Nem as equações de Einstein escaparam do preconceito ideológico ou das injunções políticas, por mais óbvias que possam parecer à lógica matemática. Em meados de 1922, um jovem alemão de 20 anos de idade, Werner Heisenberg, esteve em Leipzig para ouvir uma palestra do pai da teoria da relatividade. À entrada do salão, o rapaz recebeu um panfleto que atacava "o judeu Einstein" por deturpar a simples e clássica física com as suas estranhas especulações. O que mais impressionou Heisenberg foi saber que o autor do ataque era o prêmio Nobel de Física Philipp Lenard. Devido à manifestação antissemita, Einstein cancelou a palestra. Porém, Heisenberg convenceu-se, naquele dia, de que a ciência não é determinada apenas pela busca da verdade nem está isenta de intrigas políticas.

*

Agora, menos premidos pela intolerância e, sobretudo, sem o risco de uma prévia do Inferno numa fogueira inquisitorial, podemos manifestar a convicção de que haveria uma única realidade, que pode ser vista por diferentes óticas — profana, religiosa, científica ou estética. Não há limites intransponíveis entre história natural e história humana, mas continuidade, do simples ao complexo. Mesmo correndo o risco de "certo imperialismo epistemológico", como observa o teólogo brasileiro frei Carlos Josaphat, a física quântica sugere que os seres humanos são tão naturais quanto uma abóbora ou uma estrela. Tudo estaria interconectado. Se em algum lugar existe isso que chamamos de energia vital, não seria só no coração humano, mas também nas partículas subatômicas. Uma unidade cósmica se estende da fusão nuclear nas estrelas à química da vida. Em qualquer ponto do Universo, a matéria conhecida é a mesma. Deus, como o diabo, estaria nos detalhes. Mas nem sempre há olhos para ver e ouvidos para ouvir, como advertiu Jesus.

Muito antes de Darwin demonstrar que, na Terra, todas as espécies são parentes, a intuição profunda de que, tudo e todos, somos da mesma matéria-prima — barro e sopro — estava implícita no relato bíblico de que Javé tudo criou. Heráclito, no século V antes da nossa era, já havia dito que "todas as coisas são uma mesma coisa". Segundo Lao-Tsé, que viveu na China seis séculos antes de Cristo, pessoas e natureza são governadas por um princípio único, o Tao.

Atualmente muitos procuram elos que comprovem a íntima e indissociável ligação entre o Espírito e todo o conjunto do Universo. Um modismo intelectual surgiu em princípios dos anos 1970 nas universidades de Princeton e de Pasadena, nos Estados Unidos — o neognosticismo. A gnose foi um forte movimento filosófico nos primórdios da era cristã. Seus adeptos buscavam um conhecimento direto de Deus, por meio de dados científicos, e acreditavam que uma espécie de gnomos espirituais — os eons — atuava sobre a matéria. Hoje, há quem esteja convencido de que todos os elementos dos reinos mineral, vegetal e animal são dotados de densidade espiritual. Agora, muitos se sentem à vontade para questionar a concepção de matéria. Ela não é apenas o que veem os olhos, nem o que imagina a nossa mente. Na aparência, o Cristo do Corcovado, com os seus braços abertos sobre o Rio de Janeiro, é um bloco maciço de granito, capaz de resistir à fúria dos ventos. Um microscópio eletrônico, porém, nos faria ver aquele bloco como um amontoado de moléculas que se agitam velozmente, qual formigueiro quântico. Se os braços do Cristo não se movem é apenas porque as moléculas, em permanente colisão umas com as outras, se anulam mutuamente, dando aparente estabilidade à matéria que integram.

Se Paulo Freire, com seu método pedagógico, fez reconhecer a sabedoria daqueles que são considerados ignorantes e convenceu-nos de que não existem povos ou pessoas mais cultos do que outros — o que existe são culturas paralelas e distintas —, não há nada de espantoso em desconfiar de que rochas, plantas e bichos também *sabem*. Não é de hoje que aqueles que lidam com animais percebem que eles têm vontade, hábitos e sentimentos de tristeza e de alegria. Mais recentemente ganha espaço e mentes a convicção de que vegetais são também dotados de sensibilidade, têm gostos e preferências, inclusive musicais, e estabelecem relação com cada pessoa. Talvez não esteja longe o dia em que essa mesma certeza se estenderá aos minerais. Nossa postura antropocêntrica quanto ao saber pode trazer, em seu bojo, a mesma ilusão que os europeus tinham, até o século XV, de que não havia novos continentes sobre a Terra, nem povos que, vivendo em florestas, tivessem conhecimentos científicos mais avançados do que os letrados de Paris ou Gênova em áreas como matemática e meteorologia, como foi o caso dos maias.

A ideia de que somos os únicos seres inteligentes do Universo soa tão irreal quanto presunçosa. Pergunte a uma abelha o que pensa de nós! Possivelmente dirá que somos tão deficientes que mal sabemos nos localizar no tempo e no espaço. Tire o relógio de um homem, mude-o de lugar, deixe-o no meio de um campo, e ele se sentirá perdido. Mesmo dentro de uma metrópole conhecida custamos a encontrar o caminho certo. No entanto, a abelha é capaz de, dançando, transmitir às suas companheiras que, na direção que faz ângulo Norte de 42 graus com a posição atual do Sol, a 1 km de distância, há comida em abundância num jardim de hortênsias. Numa mesma plantação, a praga de gafanhotos só ocorre a cada 13 ou 17 anos. E por que não a cada 4, 9 ou 16 anos? Ninguém sabe. Mas é surpreendente constatar que 13 e 17 são números primos — não divisíveis com exatidão, sem resultado fracionado, por qualquer outro número. Isso dificulta a programação de seus predadores. E um morcego sequer necessita de olhos para enxergar; bastam-lhe os ecos de seus próprios gritos.

Se somos peritos na leitura de sinais artificiais, como letras ou restos deixados por civilizações anteriores, as demais espécies animais são superiores a nós na leitura dos sinais naturais. Os pássaros sabem exatamente quando e como migrar; as formigas preveem as enchentes dos rios; os roedores captam os prenúncios de um terremoto. Não seria o caso de nos preocuparmos também com a leitura dos sinais naturais? O que têm a nos dizer as amendoeiras, os eucaliptos, as rochas, os picos, as nuvens e os desertos? Não é daí que emerge a vida que tanto usufruímos? Não há desvario maior do que dizer que o machado é inferior ao computador. Tente cortar lenha com um computador! Mas não há dúvida de que somos os seres mais livres da Terra. E mais espiritualizados, porque damos sentido às coisas, nominamos o mundo e, em nossa mente, o Universo se espelha.

Ao admitir a espiritualidade que impregna a matéria, estamos respaldados pelo *intelecto* de Anaxágoras, os espíritos animais de Descartes, as mônadas de Leibniz, a alquimia de Newton, o ímpeto vital de Bergson e a psique de Teilhard de Chardin. Se há um Espírito que tudo informa, anima, vivifica e plenifica, no qual "vivemos, nos movemos e existimos", como assegura São Paulo, ele não estaria exclusivamente no ser humano. Estaria também naquilo que constitui o tecido de toda a matéria, algo com a duração de vida do Universo, ou seja, as partículas elementares, que jamais podem regredir, mesmo quando perdem uma estrutura tão complexamente organizada da qual fazem parte por algum tempo, como acontece na morte de um homem. Cada um dos elétrons que compõem a nossa estrutura orgânica e vital traz em si uma história do mundo que jamais se perde, pois esteve no Big Bang e na fusão termonuclear das estrelas, no ferro que se partiu na explosão de uma supernova e na periferia estelar de uma nebulosa, nos gases quentes que moldaram a Terra e nas águas do período Pré-Cambriano, nos primeiros insetos e nos dinossauros do Cretáceo, nas plantas e nos seres humanos que nos precederam.

Cada um de nós é a reunião de inúmeros fragmentos do Universo. Uma obra-prima da natureza animada pelo sopro do Espírito.

*

Devemos, entretanto, ter cuidado e não querer transformar nossas mais recentes descobertas em monumentos petrificados. Ao longo da história, os dogmas científicos tiveram vida curta. Laplace, do alto de sua presunção, afirmou que do céu não poderiam cair pedras e, no entanto, chovem meteoritos por todos os lados. Num artigo escrito em 1941, Einstein diz que "ciência é o esforço secular de reunir, através do pensamento sistemático, os fenômenos perceptíveis deste mundo, numa associação tão completa quanto possível. Falando claramente, é a tentativa de reconstrução posterior da existência pelo processo da conceituação".

Na ciência, o que importa não é o conteúdo ou o tema, mas o método. Não interessa se o seu objeto é a mente ou a matéria, a galáxia ou o elétron, mas por que caminhos tais fenômenos são estudados. Ciência vem do latim *scire* = discernir, saber. Seu método deve necessariamente ser racional. Para ela não há verdades sagradas em nenhuma parte; todas as hipóteses devem ser cuidadosamente analisadas. Os argumentos de autoridades não passam de coisas ditas, em geral, por autoridades sem argumentos. E tudo o que não seja comprovado pelos fatos deve ser revisto ou rejeitado. Enquanto predominou a visão mecanicista do mundo, foi possível contemplá-lo como obra de um Relojoeiro reinando nas alturas. Contudo, Charles Darwin complicou muito as coisas ao provar que, se houve Adão e Eva, eram simples macacos que evoluíram até dar neste bicho teimoso que somos nós.

Quem se der ao trabalho de abrir as primeiras páginas das Escrituras, o livro do *Gênesis,* verá que a fé hebraica não captou um deus *ex-machina* que, do alto do céu, cria o mundo, e sim um Deus que, no próprio ato criador, concebido numa progressão de sete dias, já implica o evolucionismo. As descobertas de Darwin apenas corroboram o sentido mais profundo do ensinamento judaico-cristão. Teilhard de Chardin chamou a atenção para a plena compatibilidade entre o processo evolutivo e uma fé, como a cristã, essencialmente histórica. Baseado no avanço da biologia na virada do século XIX para o XX, Chardin acreditou que toda a natureza evolui numa ordem e complexidade crescentes, traçando inclusive uma linha ascendente que culmina num Ponto Ômega com cara de Cristo.*

---

*Ver Betto, Frei. *Sinfonia Universal — A cosmovisão de Teilhard de Chardin*: Petrópolis, Vozes, 2010.

Devemos também evitar recair no concordismo. Não confundir dados da fé com dados da física, embora eventualmente possam coincidir. Desde o século XVII, a física tem sido a atriz principal no palco das ciências naturais. É como uma Isadora Duncan ou uma Greta Garbo, que todas as atrizes querem imitar. A partir de então, essa ideia tem induzido as demais ciências a adotarem, como modelo, a concepção mecanicista do mundo. Nem o marxismo escapou disso. Fez-se um consistente e apetitoso *imbroglio* com a filosofia de Descartes, a matemática de Newton e a metodologia experimental de Francis Bacon. O resultado foi coroar a matéria como a pedra angular de tudo o que existe, concebendo-se o mundo como um gigantesco relógio cujas peças podem ser desmontadas e conhecidas. O mundo material era visto como uma profusão de peças que, interligadas, formavam uma máquina admirável e gigantesca. No fundo, concebia-se, no avesso de um ateísmo racionalista, um deus-relojoeiro que havia justaposto todas as pequeninas peças da ordem natural. Nas águas desse modo de ver as coisas, acreditou-se que todos os grandes fenômenos podiam ser detalhadamente conhecidos, desde que se desmontassem as peças e examinassem seus componentes básicos.

O próprio Marx não escapou dessa tendência reducionista, tomando como científico o método de separar as partes do conflito social, como se a classe operária, por ser explorada, fosse necessariamente contrária aos interesses dos patrões. Ainda hoje, inúmeras ciências continuam a adotar o mecanicismo e o reducionismo da física clássica, como se fossem a última palavra. Basta ver o que fazem certos médicos, que tratam um órgão como quem destaca a peça avariada de uma máquina, sem nenhuma visão holística. Receitam um coquetel químico para curar uma infecção, sem nenhum cuidado com os reflexos no organismo e na mente do paciente. Assim, promove-se o reducionismo à nobre condição de método científico.

Não haveria, então, uma ciência exata? Talvez não. Como observa Moacir Lacerda, ponto e número — sobre os quais se apoiam toda a aritmética e a geometria — são conceitos indefiníveis e, no entanto, compreendidos por todos. Mesmo assim, há quem considere a matemática a única ciência exata, embora todos os grandes matemáticos, incluindo Einstein, tenham cometido erros. A exceção é o francês Évariste Galois, que morreu aos 20 anos, em 1832, por não ser tão bom de duelo quanto de cálculos.

Durante séculos, as pessoas preferiram confiar em seus cinco sentidos e se equivocaram. Tivessem ao menos confiado em sua intuição, como ensinam os místicos, teriam sido mais felizes. Entre os místicos, destaca-se Pitágoras, que acreditava que o número governa o Universo. Ele nasceu na mesma ilha de Aristarco — Samos — e, segundo a lenda, viveu por uns tempos numa caverna do monte Kerkis. Consta que foi a primeira pessoa no mundo a inferir que a Terra é uma esfera. E o primeiro a adotar o termo *cosmo* para definir essa ordem universal, em oposição a *caos*. Cosmo significa ordem, beleza. Daí o termo cosmético. Porém, o que tornou Pitágoras famoso é aquele simples teorema, cujo enunciado qualquer estudante de escola secundária conhece: "A soma dos quadrados dos catetos de um triângulo retângulo é igual ao quadrado da hipotenusa."

Seria a nossa morada cósmica governada pelos números? Como frisa Moacir Lacerda, o Universo é regido por suas próprias leis. O número é um conceito. Essa tendência de matematizar fenômenos naturais, tão frequente em Galileu, é apenas uma possibilidade de expressão da ordem cósmica. O que dizer da música, das artes plásticas, da dança? São linguagens, e não devem ser tão pretensiosas a ponto de acreditar que encerram respostas para todas as questões. O Universo se governa por si mesmo, e não pelos números. E a nossa compreensão dele nem sempre passa pelo conceito numérico.

Enquanto muitos contemporâneos de Pitágoras preocupavam-se com experiências, como provas empíricas dos fenômenos, inclusive seu aluno e discípulo Alcmaeon, que tinha a mania de dissecar cadáveres, ele procurou deduzir as leis da natureza pelo pensamento puro. A seu ver, matemática e mística são faces de uma mesma moeda. Mas acreditava que tudo pode ser derivado dos números inteiros, o que há de mais perfeito no pensamento abstrato. Esferas e círculos são figuras perfeitas. Observe a completa harmonia de uma esfera! Todos os pontos estão à mesma distância do centro. Como a natureza é perfeita, concluiu ele, todos os planetas se movem em órbitas circulares e numa velocidade constante.

A matemática é o reino do simbólico. E é no mínimo intrigante constatar que o Universo pode ser apreendido por simples equações. Por que o código da natureza está ao alcance de qualquer estudante de ensino médio? O princípio antrópico dirá que o Universo é o que é para que *nós possamos ser,* como o corpo de uma mulher se pergunta, a cada mês, pelo fruto de seu ventre.

Embora sejamos, hoje, mais cautelosos que os gregos antigos, há quem ainda defenda que não há nada mais científico do que as leis da física, que nos permitem desvendar melhor as coisas como elas são, e não como aparentam, supomos que sejam ou gostaríamos que fossem. Portanto, conduzidos pelas mãos de Atenas, a deusa da sabedoria, estaríamos, com certeza, mais próximos da verdade.

Ora, as ciências conhecem apenas fragmentos da realidade. A realidade se mostra, o real se demonstra. Todavia, o que é o real?

Sabemos apenas que, como o Universo, ele é sutil.

3

DAS ESTRELAS À SUBJETIVIDADE

São as estrelas que
nos governam.

Shakespeare

Há cerca de 2.300 anos Aristóteles escreveu *Dos céus,* livro no qual pretendeu explicar o Universo, como tentamos ainda hoje. Segundo sua visão estética, o Criador estendeu no firmamento um movimento eterno e perfeito do Sol, da Lua, dos planetas e das estrelas, fixados no interior de oito esferas cristalinas que teriam a Terra como eixo. Tudo estaria repleto da presença divina. O vazio não existiria. Nos céus, as coisas se moveriam de forma circular; na Terra, em linha reta.

Aristóteles nasceu na Macedônia, ao norte da Grécia, em 384 a.C. Filho de um médico da corte de Amintas III — rei da Macedônia e avô de Alexandre Magno, de quem Aristóteles, por volta dos 40 anos, seria preceptor, a convite do pai de Alexandre, Filipe II —, ele foi aluno de Platão, assim denominado por causa de suas omoplatas grandes. Num bosque próximo a Atenas, quase 400 anos antes da nossa era, Platão fundou uma escola, a Academia. O local havia sido indicado pelo seu professor, Sócrates, considerado o "pai da filosofia".

Entre as obras de Aristóteles destacam-se a *Física,* que trata do mundo assim como ele se nos apresenta, e a *Metafísica* — aquilo que está além da física —, a pesquisa sobre o ser em si mesmo, as razões pelas quais o mundo é o que é. No *Dos céus,* Aristóteles defende que o Universo seria formado por um conjunto de 55 esferas encaixadas uma dentro da outra. No miolo das sucessivas esferas ficaria a Terra, que os gregos já admitiam ser redonda.

Talvez agora saibamos um pouco mais a respeito do Universo do que os gregos do tempo de Aristóteles. Conhecer melhor essa imensa morada cósmica na qual habitamos permite compreender um pouco mais o sentido de nossa própria existência dentro dela. Os gregos vivem em ilhas e, como todo povo navegador, sempre prestaram muita atenção às estrelas, que também lhes servem de guias nos trabalhos agrícolas. O próprio Sócrates, que estava longe de ser considerado um devoto das estrelas, reconhecia que a alma é purificada e reanimada pelo estudo dos céus. Mas não foi por descaso que Sócrates deixou de fixar os olhos na abóbada celeste, e sim por sabedoria. Ao caminhar às margens do Ilisso com Pedro, o pai da filosofia disse a seu amigo: "Se ainda não posso conhecer a mim mesmo, como manda a inscrição em Delfos, enquanto perdurar essa ignorância parece-me absurdo indagar sobre matérias estranhas." Entre elas, a astronomia. Hoje, busca-se o caminho inverso: as veredas que conduzem das estrelas à subjetividade.

Cláudio Ptolomeu, no *Almagesto,* conservado em 13 livros que tratam da astronomia matemática, igualmente adotou uma concepção geocêntrica, aceita por tantos séculos, porque seu observatório em Canopo e a biblioteca de Alexandria não estavam em condições de lhe proporcionar ciência mais exata. Seu catálogo das estrelas enumera 1.022 astros visíveis a olho nu, com a sua respectiva magnitude, ou seja, o grau de luminosidade. Portanto, o método de identificar as estrelas por grupos — as constelações — vem da Antiguidade. Ptolomeu dividiu suas estrelas em 48 constelações, quebrou a simetria celeste imaginada por Aristóteles e captou a dança oscilante dos planetas quando se aproximam e se afastam da Terra. Quanto aos movimentos do Sol, da Lua e das estrelas, ele acertou mais que seus antecessores, justificando a bolsa de estudos que recebera da dinastia egípcia dos Ptolomeus.

A Igreja se deu conta de que aquelas ideias podiam muito bem revestir suas proposições teológicas de aparente consistência científica. Como se Deus inspirasse cientistas para fazerem teologia por vias transversas! Mas enquanto bispos e abades recomendavam aos camponeses europeus regar seus campos com água benta, para obterem maior colheita — e não se deve esquecer de que tinham de pagar pelo líquido vendido pelos padres —, os árabes cuidavam, graças a Alá, de preservar a ciência ocidental. A biologia deve muito a homens como Abu Bakr Muhammad al-Razi, mais conhecido como Rhazés; a Abu'Ali al-Hussein ibn Sina, o famoso Avicena; e a Abu al-Walid Muhammad ibn Rushd, Averróis para os íntimos. Suas alquimias podem ser consideradas pioneiras da bioquímica moderna.

*

A Biblioteca de Alexandria — uma das maravilhas do mundo — foi construída três séculos antes de Cristo. Era sustentada pelos Ptolomeus, os reis gregos que herdaram a parte do Egito conquistada por Alexandre, o Grande.

Durante nove séculos foi o cérebro do planeta. Cada uma de suas 400 mil obras era copiada a mão, e se hoje conhecemos o Antigo Testamento é graças às traduções gregas feitas ali. Os Ptolomeus não mediam esforços ou dinheiro para adquirir livros. Quando os navios aportavam em Alexandria, os soldados revistavam todos os cômodos, não em busca de drogas ou contrabando, e sim de livros, interessados em saber se em alguma parte do mundo havia algo escrito que a biblioteca já não tivesse cópia. E, em geral, a biblioteca ficava com os originais e devolvia ao dono uma cópia, como Ptolomeu III Evérgeta fez com os originais de Sófocles, Ésquilo e Eurípides, emprestados a peso de ouro pelos gregos e jamais devolvidos.

Graças a esse mecenato oficial, a ciência deixou de caminhar e passou a dar saltos. Astrônomo, geógrafo, físico, poeta, historiador e matemático, Eratóstenes foi diretor da biblioteca de Alexandria. Três séculos antes de Cristo, assegurou que a Índia podia ser alcançada por quem navegasse para Oeste desde a Espanha e calculou com precisão o tamanho da Terra. Descobriu que o nosso planeta não é tão grande quanto se imaginava. Certo dia, leu num papiro que na cidade egípcia de Siena, ao meio-dia de 21 de junho, varas fincadas no chão, em posição reta, não produziam sombras. Decidiu verificar se o mesmo ocorria em Alexandria. Ao fazer a experiência, obteve resposta negativa. Havia sombras. Como é possível o Sol do meio-dia produzir sombras em Alexandria e, no mesmo horário da mesma data, não fazê-lo em Siena? A Terra não é plana? Se houvesse sombras iguais nas duas cidades ou nenhuma sombra, ficaria comprovado que a Terra é plana, pois o Sol estaria inclinado no mesmo ângulo em relação às varas. Eratóstenes concluiu que só havia uma explicação: a Terra é curva.

O cientista pagou um homem para medir a distância entre Alexandria e Siena. Constatada que era de 800 km, calculou que a circunferência da Terra devia ser de 39.700 km. Eratóstenes errou por muito pouco — a cintura da Terra é de 40.009 km. Na mesma época, Hiparco, fundador da astronomia, catalogou a magnitude e as posições das estrelas, e Euclides produziu um manual de geometria que durou 23 séculos. Galeno, no segundo século de nossa era, ensinou a curar, e seus ensinamentos perduraram até o Renascimento. Porém, no século VII, a biblioteca foi incendiada pelo povo. O mundo mergulhou no obscurantismo. Entre o incêndio da biblioteca e o Renascimento, a humanidade teve de esperar 800 anos. Hoje, sequer conhecemos os nomes das obras desaparecidas. Das 123 peças de Sófocles, apenas 7 se salvaram — entre elas, *Édipo rei*.

Os egípcios se voltaram contra aquele templo do saber porque a ciência da biblioteca nunca chegou ao povo, nem como vulgarização, nem como avanço tecnológico. Quando muito, as máquinas inventadas serviam à fabricação de armas e à distração dos reis. Os cientistas dedicados à pesquisa da ordem cósmica e da anatomia do corpo humano jamais questionaram a existência da escravidão, o massacre de inocentes, as leis injustas, os poderes políticos e os reis. Nunca se voltaram contra as superstições políticas que tanto dano ainda causam à humanidade, como a supremacia de uma raça ou de um povo sobre outro, a onisciência de um governante etc.

A última grande cabeça científica a trabalhar na biblioteca não foi um homem, e sim uma mulher, Hipácia, que era astrônoma, como seu pai Theon, e também física, matemática e filósofa. Nasceu em Alexandria em 370, era bela e nunca se casou. O cristianismo estava em plena expansão e todo saber que não coincidisse com seus dogmas era considerado suspeito de paganismo. Como Plotino, Hipácia era discípula da escola neoplatônica fundada em Alexandria por Amônio Sacas, no século III. Ela não escapou das suspeitas de Cirilo, patriarca de Alexandria. Apesar da oposição do bispo, continuou a escrever e a ensinar. Em 415 foi atacada por cristãos fanáticos, seguidores de Cirilo, que a arrancaram de sua charrete, rasgaram suas vestes e, armados de conchas, esfolaram-na. Depois, queimaram toda a sua obra e seu nome foi esquecido. Em contrapartida, Cirilo foi canonizado.

*

Eis a lição de que, se a ciência continuar um capricho de nossos egos inflados e não questionar também a ordem política, o dualismo prosseguirá. Hoje, o antagonismo não é mais entre a alma e o corpo, mas entre cabeça e coração, razão iluminada e emoção infantilizada, saber revestido de prepotência e vaidade que encobre homens e mulheres em trajes tão ridículos.

Diante de tanta miséria, muitos se perguntam se não seria um luxo preocupar-se com a cosmologia e gastar tanto dinheiro com viagens espaciais. A exploração do cosmo não é um luxo. Graças à tecnologia espacial, as lentes dos mais modernos óculos já não são feitas de vidro. Nas maternidades bem equipadas, bebês prematuros são controlados por sistema de monitoramento utilizado pela Nasa para acompanhar os astronautas que foram à Lua. Fibras de tecido à prova de fogo, usadas nas roupas dos astronautas, hoje revestem paredes dos aeroportos. A corrida espacial nos brindou com o forno de micro-ondas; as próteses para portadores de deficiência física; os captadores de energia solar; e até uma bomba computadorizada que injeta insulina nos diabéticos, dispensando as injeções diárias. O teflon das frigideiras foi usado, por sua resistência ao calor e à corrosão, nas tubulações dos foguetes Saturno 5.

A astronáutica nos deu também equipamentos miniaturizados para detectar poluentes e óculos de sol com lentes fotocromáticas. Foi a tecnologia desenvolvida para recolher poeira lunar durante as missões da nave *Surveyor,* na Lua, que permitiu à Black and Decker vender mais de 3 milhões de aspiradores de pó miniaturizados. E quantas vidas humanas são salvas graças às previsões meteorológicas de satélites sobre furacões e tormentas! Quantos aviões deixaram de cair por causa do satélite da série *Navstar,* que permite ao comandante se orientar mesmo sob tempestade. E a TV global? Graças aos satélites, vemos aqui o que se passa do outro lado do planeta. E vamos às ruas pedir paz ou protestar. Só descobrimos que uma guerra nuclear esfriaria o nosso planeta estudando as tempestades que assolam o planeta Marte. Por isso, o que se gasta não é dinheiro jogado fora, embora não se possa ignorar que esse investimento nem sempre é por amor à ciência, mas resulta de pretensões imperialistas entre países que disputam a hegemonia internacional.

No entanto, aqui estamos, cercados de enigmas, suportando sofrimentos — fome, guerras, separações, discriminações, opressões; deparando-nos com os limites da existência —, enfermidades, ignorância, incompreensões, velhice, morte; sem desfrutar as maravilhas só acessíveis a quem dispõe de recursos financeiros — moradias confortáveis, veículos possantes, telefones celulares, fax e computadores de última geração. Únicos animais que preparam o seu próprio alimento, somos seres tão brilhantes quanto frágeis, pois o mesmo político que não admitiria a ideia de passar sem um legítimo *scotch*, aprova medidas que irão reduzir ainda mais o acesso de populações carentes à cesta básica. O professor de ética avança o sinal vermelho com o seu carro, assim como o padre expulsa, agressivo, o mendigo que dorme à porta de sua igreja. O homem que se uniu por amor àquela mulher humilha-a em público, enquanto o intelectual que assina manifestos contra o *apartheid* fica deprimido ao ser apresentado ao namorado negro de sua filha. Há qualquer coisa de estranho nesses bichos supostamente inteligentes conhecidos como homens e mulheres.

As tênues barreiras que dividem os seres humanos continuam a provocar inúmeros conflitos: etnias, sexo, religião, nacionalidade. Chamar alguém de estrangeiro é uma ofensa. O fato de uma pessoa ter nascido xavante ou judeu, afegão ou iraquiano, polinésio ou pigmeu, é um mero acaso. Porém, esse acaso determina diferenças de culturas, de geografia, de crenças, de vínculos familiares, de valores. O mal é que nos atemos mais a essas casuais diferenças do que às infinitas identidades. Somos todos humanos e, ainda que haja habitantes em outros planetas, não há seres com a história genética que nos moldou. Somos todos crias deste planeta. Somos todos dotados dos mesmos órgãos, dos mesmos sentidos, das mesmas conexões neurais, dos mesmos padrões de comportamento. Somos todos dependentes para nascer, viver e morrer. Nascemos e morremos todos do mesmo jeito e, malgrado nossas diferentes crenças, ao morrer vamos todos para o mesmo lugar, ainda que o túmulo de um milionário do Texas contenha uma tonelada de mármore e o de um garoto na Baixada Fluminense, fuzilado como se abate um cão raivoso, seja apenas um punhado de terra. Se o que nos une é tão mais forte do que aquilo que nos distingue, por que fazer da diferença, divergência, e da distinção, separação?

Ainda não extraímos todas as pedras contidas em nosso coração. Um dia, se Deus quiser, viveremos todos num único continente, a Pangeia. Então, como observava Faulkner, o ser humano não vai apenas perdurar, vai também prevalecer. "O homem ultrapassa infinitamente o homem", intuía, no século XIII, o místico muçulmano Djalal-ud-Din Rumi.

4

A DANÇA DAS GALÁXIAS

A natureza representa
aquilo que podemos imaginar
em matemática como
o que há de mais simples.

Einstein

Quem conhece a data do dia da Criação? Pela versão grega da Bíblia, o mundo teve início no ano 5872 a.C. Santo Agostinho tomou por base as genealogias das Escrituras e calculou que a Criação ocorreu cerca de 5500 anos a.C. Kepler a datou no ano de 3993 antes de nossa era. E o próprio Newton embarcou nessa suposição, descontando apenas cinco anos da data estipulada por Kepler. Mas ninguém ousou ser tão preciso quanto o bispo irlandês James Usher que, no século XVII, garantiu que a Criação se deu na noite de 22 de outubro de 4004 a.C.! E o que teria feito o Criador durante o dia, ensaiado o espetáculo? "Antes da existência da Terra, do céu e desse Reino, onde Ele estava?", pergunta Rumi, e responde: "Essa pergunta não faz sentido, pois Deus é Aquele que não tem lugar." Há mais interesse em saber *como* do que *quando* o Universo foi criado.

Antes do Início do Tempo o que existia era o infinito a uma temperatura superior a 10^{32}°K* (ou o número 1 seguido de 32 zeros).** Quem sabe o nosso Universo nasceu de um outro universo? Ou de flutuações quânticas desordenadas no espaço-tempo? Não estaríamos numa filial ou colônia cósmica que alcançou sua independência? Não teria ocorrido algo parecido à duplicação celular, quando cada filha se desprende da outra para se tornar um microuniverso independente? O primeiro preceito da *Tábua da esmeralda,* de Hermes Trimegistus, proclama que "o que está em cima é como o que está embaixo, e o que está embaixo é como o que está em cima". "Tudo o que vês neste mundo" — ensina a mística muçulmana do século XIII — "existe também no outro mundo."

Não custa imaginar que o próprio Big Bang teria consistido no colossal experimento de um superacelerador, sendo o seu resultado este Universo no qual vivemos! Outros preferem imaginar que dentro de bilhões de anos, talvez 20, o Universo atingirá seu máximo raio de expansão. A partir daí, iniciará o seu regresso. Seu raio diminuirá à medida que se contrair. Devido à compressão, a temperatura subirá, e toda a matéria se escoará pelos ralos dos buracos negros. Despojado de toda materialidade, o

---

*K = escala Kelvin de temperatura, graduada em graus centígrados, como na escala Celsius, mas na qual o zero é o zero absoluto. Enquanto na escala Celsius o zero é o ponto em que o gelo se derrete sob a pressão de uma atmosfera, como na superfície da Terra, na escala K o zero absoluto corresponde a -273,15°C.

**Números muito grandes ou muito pequenos são representados, nesta obra, por potências de 10. Por exemplo, o número 100 bilhões em algarismos é 100.000.000.000. Prefiro escrever 10^{11} — 10 elevado à potência 11 — como "1 seguido de 11 zeros". O inverso vale para potências negativas ou frações como 10^{-11} — 10 elevado a –11 — como "1 precedido de 11 zeros", incluído o algarismo anterior à vírgula.

Universo se espiritualizará, graças às leis da conservação, que conteriam o Espírito.

Toda essa maravilhosa complexidade cósmica, com a sua infinita multiplicidade de partículas, teria se originado de um modo tão simples que a nossa sofisticada imaginação é incapaz de conceber. Há quem suponha que o nosso Universo nasceu de um buraco negro de outro universo. À medida que o raio do buraco negro se dilatou, a força gravitacional decresceu e, agora, aqui estamos prescrutando os céus, procurando descobrir os pontos escuros pelos quais as estrelas atravessam para, do outro lado, renascer em novos estados, assim como os índios Carajás, no Araguaia, acreditam que vieram de um mundo que fica por baixo do leito do rio.

A data do dia da Criação pode ser encontrada se soubermos a idade do Universo. Esta é calculada pela idade das estrelas mais velhas, situadas na periferia das galáxias. Como as estrelas mais pesadas são mais quentes e brilhantes e, portanto, consomem energia mais depressa que as suas irmãs menores e mais frias, a idade das estrelas de um aglomerado pode ser calculada comparando-se o número de estrelas quentes e brilhantes que ainda restam ali com o número total de estrelas do aglomerado. Esse método permite supor que as estrelas mais velhas teriam cerca de 13 bilhões de anos. Contudo, há astrônomos que asseguram que o Universo ainda não teve a felicidade de soprar as velas de seu décimo bilionésimo aniversário.

Se as galáxias mais antigas são como velhinhas da mesma idade, não seriam elas fragmentos de uma mesma matéria? As galáxias são como bolas de bilhar que, do centro da mesa, correm por todos os lados, afastando-se umas das outras.

Esse movimento comprova que, um dia, estiveram juntas, como irmãs na mesma casa em que passaram a infância. Medindo o tempo de expansão das galáxias — levando-se em conta que elas reduzem o ritmo quanto mais avançam devido à atração gravitacional — sabe-se que a idade do Universo é inferior a 20 bilhões de anos. A gravidade retarda continuamente a expansão do cosmo, dilatando o tempo. Assim, em milhões e milhões de anos se reduz a possibilidade de ocorrer algo significativo no conjunto do Universo. Ao contrário, quanto mais próximos estivermos do *limite de Planck,* o Momento Inicial, menos tempo leva para ocorrerem eventos significativos.

Entre os que contestam a data de nascimento do Universo figura Michael Pierce, da Universidade de Indiana, Estados Unidos. Baseado na constante de Hubble aplicada às estrelas variáveis da galáxia NGC 4571, a 50 milhões de anos-luz do sistema solar, ele estima que a nossa morada cósmica não teria mais de 9 bilhões de anos. Outros reagem, alegando que as velhas estrelas de aglomerados globulares da própria Via Láctea teriam idades que beiram 16 bilhões de anos — e tais frutos não poderiam ser mais antigos do que a árvore.

A expansão do cosmo não ocorreu num espaço predeterminado. Segundo a teoria da gravitação de Einstein, o próprio espaço se dilatou, como as bolas azuis gravadas na superfície de um balão amarelo soprado por uma criança. As bolas se expandem porque o balão incha. Não são as bolas que, ao se expandirem, incham o balão. Portanto, no Big Bang, a matéria não se espalhou num espaço preexistente. A Explosão Primordial não se deu dentro do espaço convencional. A própria explosão criou o espaço e, com ele, o tempo. Ainda hoje, espaço e tempo continuam a se expandir à medida que o Universo se dilata.

Crodowaldo Pavan, geneticista brasileiro, sugere uma metáfora literária: você pode reservar, em seu computador, um arquivo intitulado "universo poético". Antes de inserir a primeira poesia, nada existe no arquivo. Aos poucos, você insere versos de poetas brasileiros, ingleses, africanos etc. Quanto mais poesias, mais o "universo poético" se expande, tanto no tempo — o número de obras — quanto no espaço que elas ocupam na memória de seu computador.

*

A teoria do Big Bang — a que hoje goza de mais aceitação para explicar a origem do Universo — não está isenta de, ela própria, sofrer um *Big Crunch* — a Grande Implosão. O que a sustenta até agora é a uniformidade, em todo o Universo, da radiação cósmica de fundo, ou seja, a energia que restou da Explosão Primitiva. Em cada ponto do céu ela é a mesma. Como também o comprova a quantidade encontrada na natureza de hidrogênio, hélio e lítio, produzidos por aquela explosão. Porém, as cordilheiras cósmicas e os superaglomerados de galáxias e quasares complicam a teoria. Como explicar a força de gravidade que mantém os astros unidos? Alguns cientistas alegam que o Universo conteria uma matéria invisível capaz de enlaçar os superaglomerados. Será mesmo que essa massa escura e invisível é suficiente para aglomerar tantas galáxias? O fato é que elas se mantêm próximas graças à atração gravitacional e seguem o mesmo padrão em seus movimentos.

As galáxias espirais, entre as quais a Via Láctea, contêm a maior parte de suas estrelas junto ao centro extremamente brilhante, e menos estrelas nas bordas. Todas giram na mesma direção em torno do coração galáctico, assim como os planetas do sistema solar dançam ao redor do Sol. Segundo Newton, os planetas situados na periferia do sistema solar, como Plutão, giram numa velocidade inferior aos planetas próximos ao Sol, como Mercúrio. Ora, a boa lógica indica que a lei de Newton deveria ser aplicada do mesmo modo às galáxias: quanto mais distante uma estrela se encontra do centro galáctico, menor deveria ser a velocidade de sua órbita.

No entanto, em 1977 a astrônoma norte-americana Vera Rubin constatou, estupefata, que as estrelas mais periféricas de uma galáxia giram quase na mesma velocidade daquelas que se situam no centro. Diante do fato, só havia duas hipóteses: ou a lei de Newton não se aplica à escala galáctica ou as galáxias não são como parecem. De acordo com suas observações, a massa da galáxia se concentra em seu centro e diminui em suas bordas. Se as estrelas das bordas giram quase à mesma velocidade das centrais é porque se encontram submersas numa massa muito maior. E esta massa não visível deve se estender muito além das bordas das estrelas. Após pesquisar dez galáxias, Vera Rubin e Kent Ford concluíram que a matéria escura é um componente importante das galáxias. Em outras palavras, os astrônomos tiveram de admitir que seus telescópios captaram, até agora, apenas uma fração da matéria do Universo. Este, ao contrário de banhistas na praia, por enquanto nos esconde a maior parte de seu corpo.

A ciência desconfia da existência dessa matéria escura desde a década de 1930, quando Fritz Zwicky observou que as galáxias do aglomerado da constelação de Coma dançam, uma em torno da outra, em ritmo superior ao que as leis da física admitem. Por essas leis, o baile já estaria terminado e cada uma deveria ter retornado à sua casa, como moças recatadas. Se permanecem juntas é, talvez, graças à gravidade de alguma matéria pesada e invisível. Em abril de 1992, o satélite *Rosat* captou a imagem de uma gigantesca nuvem de gás quente se movendo próxima a três pequenas galáxias da nebulosa NGC 2.300, a 150 milhões de anos-luz da Terra. Afirmam os astrônomos da Nasa que apenas a força gravitacional emanada desse trio de galáxias não seria suficiente para manter coesa a imensa quantidade de matéria da nuvem gasosa, que é 500 bilhões de vezes maior que o Sol. Portanto, uma matéria oculta deve sustentá-la. Entretanto, nem o supertelescópio *Hubble* ainda logrou detectá-la.

Como é possível ter certeza dessas coisas? É mais fácil do que conhecer, exatamente, como foi a invasão do Paraguai pelo Brasil, no século XIX. A questão é que, na nossa cabeça, tempo e espaço são coisas distintas. Porém, nas profundezas do Universo, o espaço nos revela o tempo. Sabe aquelas máquinas do tempo que vemos em filmes de ficção? São reais e se chamam telescópios e aceleradores de partículas. Quando um telescópio enfoca a luz de uma estrela, ele capta como ela era há milhões de anos, e não como é agora. Do mesmo modo, o acelerador que, na opinião de Roy Rubinstein, funciona como "um microscópio gigantesco vasculhando distâncias minúsculas", ao quebrar a estrutura atômica e separar as partículas subatômicas, recria, por mais breve que seja, as condições existentes nos primórdios do Universo.

Os aceleradores de partículas são para a física o que telescópios e espectógrafos são para a astrofísica. Neles se comprovam todas as teorias existentes a respeito de partículas. Seu princípio operacional baseia-se na famosa equação de Einstein — $E=mc^2$ (E é energia; m, a massa e c a velocidade da luz. Uma massa equivale a uma quantidade de energia proporcional a seu valor multiplicado pela velocidade da luz ao quadrado). Em outras palavras, a quantidade de energia concentrada numa porção de matéria equivale à sua massa multiplicada pelo quadrado da velocidade da luz.

Einstein demonstrou que, considerando que a massa de um corpo móvel aumenta à medida que se incrementa seu movimento, e tendo em vista que o movimento é uma forma de energia (energia cinética), a massa incrementada de um corpo móvel deve advir de sua energia incrementada. Trocando em miúdos, a energia tem massa. Com simples cálculos matemáticos, Einstein encontrou o valor equivalente a uma massa m em qualquer unidade de energia E, que ele expressou pela equação $m=E/c^2$. Dada esta relação, um estudante secundário pode fazer o seguinte cálculo algébrico para escrever a mais explosiva equação da história: $E=mc^2$. Esta equação foi decisiva na invenção da bomba atômica. A energia contida em qualquer partícula de matéria é igual à massa deste corpo (em gramas) multiplicada pelo quadrado da velocidade da luz (em centímetros por segundo). Assim, 1 kg de carvão, convertido totalmente em energia, produzirá 25 bilhões de quilowatt-hora (kwh) de eletricidade. Para se ter uma ideia do que isso significa, em 1989 a produção de energia elétrica do Brasil foi de 229.819 milhões de kwh. A dos Estados Unidos, 2.980.775 bilhões kwh.

Isso é algo que simplesmente modifica a nossa ideia do mundo, pois toda matéria, do Sol à retina de nossos olhos, das rochas à água que enche os oceanos, é energia condensada. Quem conseguir "descongelar" essa energia obterá energia nuclear, como ocorre no interior do Sol. Antes de Einstein, ninguém jamais havia imaginado que $E=m$, ou seja, que energia e massa se igualassem. E a constante c, aparentemente inofensiva, representa um número astronômico, ou seja, o quadrado da velocidade da luz. Se extrairmos energia de uma colherada de água, ela será suficiente para que um navio atravesse o Atlântico mil vezes.

Muitos mistérios da física foram desvendados por $E=mc^2$. Agora sabemos por que o Sol e as estrelas podem irradiar luz e calor durante bilhões de anos. Se o Sol dependesse dos processos ordinários de combustão, a Terra já estaria morta. Sabemos também que quantidade de energia contém o núcleo dos átomos e quantos gramas de urânio deve conter uma bomba destinada a destruir uma cidade. Agora, enfim, sabemos que matéria é energia e energia é matéria, como gelo, chuva e nuvem são diferentes estados da mesma água.

*

Um acelerador de prótons é como uma imensa serpente brotando de um pequeno balão de hidrogênio, cujas válvulas, controladas por computadores, liberam jatos de gás, como se fosse uma brincadeira de criança. No entanto, em cada um daqueles jatos há mais prótons do que a soma de todas as estrelas da Via Láctea. As minúsculas nuvens de gás entram pela cavidade elétrica do gerador que separa os elétrons dos átomos de hidrogênio, como quem arranca o halo de luz de uma estrela, e lançam os prótons, primeiro, por um túnel de grande velocidade e, em seguida, por um cano estreito como uma mangueira de jardim, mas com cerca de 5 km de extensão. Dentro desse anel, os prótons são acelerados por pulsão provocada por eletroímãs, enquanto ímãs focalizadores os reúnem num feixe tão fino quanto a grafite de um lápis. Quando atingem uma velocidade próxima à da luz, a massa inicial já aumentou cerca de 300 vezes, graças à própria velocidade, conforme Einstein demonstra em sua teoria da relatividade. Neste momento, são desviados do anel e lançados contra um alvo dentro de um detector. Seus rastros, captados pelo campo magnético do detector, revelam a identidade da partícula.

Os aceleradores seriam como estrelas mecânicas, porque sua temperatura, elevada a milhões de graus, pode fazer com que as partículas se movam tão rapidamente que as forças repulsivas, como elétron x elétron, por exemplo, não tenham tempo de agir. Na natureza, isso só existe no coração das estrelas. No anel do acelerador, prótons e antiprótons percorrem trajetórias opostas em velocidades próximas à da luz, colidindo um milhão de vezes por segundo — e, assim, fragmentando os átomos em suas partículas mais genuínas, entre as quais o quark *top*, o último dos seis tijolos fundamentais da matéria a ter sua existência comprovada, o que foi anunciado no início de 1995.

Quanto mais aperfeiçoados os aceleradores de partículas, mais são descobertas novas partículas. Os cientistas se perguntam se algum dia essa "arqueologia" da matéria findará, ao se depararem com aquela partícula que será, afinal, a mais elementar, base de todas as demais. Diante dessa indagação, eles se dividem hoje em três tendências. A primeira, formada por aqueles que supõem ser a matéria como as *matrioskas*, aquelas bonecas russas que se encaixam uma dentro da outra. No caso das partículas, elas seriam infindáveis. A segunda acredita que um dia a ciência chegará à partícula primordial, indivisível, além da qual não existiria espécie alguma de matéria. E a terceira reúne aqueles que suspeitam que a ciência chegará a uma partícula primordial constituída de elementos da mesma natureza dessa suposta partícula. Segundo a física francesa Grichka Bogdanov, esta partícula seria como uma torta de maçã cortada ao meio, resultando em duas novas tortas inteiras, idênticas à original, sem que se pudessem obter duas metades de uma torta. Essa hipótese, que conta com a simpatia da maioria dos físicos nucleares, permitiu formular a teoria dos quarks.

Graças aos aceleradores, chegamos cada vez mais perto do parto que gerou o Universo. Para as nossas dimensões de tempo, alcançar o que ocorreu 1 centésimo de segundo após a Criação é fantástico. Que importa saber o que ocorreu 1 decimilibilionésimo de segundo antes que você decidisse piscar o olho, como fez agora? No entanto, quando se trata da evolução da matéria, cada fragmento de segundo é como um século para a história humana. Sabe-se o que teria ocorrido nos três primeiros minutos após a explosão do ovo primordial que continha todo o Universo, o Big Bang. Mas isto não basta, pois é certo que muitas outras coisas, que ainda ignoramos, se passaram na fornalha original antes daquela fração de segundo. A dificuldade é que a ciência não consegue recuar para mais próximo do momento em que o átomo inicial não se conteve e, pleno, abriu-se como um botão de rosa que exibe pétalas em todas as direções.

*

Quando criança, ouvi, no curso de catequese, o padre Paulo contar — para sublinhar o insondável mistério de Deus — que, um dia, Santo Agostinho caminhava pela praia, enquanto meditava sobre o mistério da Santíssima Trindade. Viu um menino que, com um dedal, punha água do mar num buraquinho aberto na areia. Intrigado, o bispo de Hipona indagou-lhe o que fazia. "Vou colocar todo o oceano neste buraquinho", respondeu. "Não vê que tal tarefa é impossível?", ponderou o santo. O garoto rebateu: "É mais fácil eu realizá-la do que o senhor desvendar o mistério da Trindade." E, em seguida, desapareceu como um anjo, deixando a Agostinho a lição de que a razão não pode penetrar o coração da fé. Como mais tarde diria Santo Tomás de Aquino, se a fé é uma virtude da inteligência, a razão é a sua imperfeição.

É provável que o professor de catequese ignorasse que, muito antes de Santo Agostinho vir ao mundo, Arquimedes, o maior matemático da Antiguidade, calculou em seu livro *O medidor de areia*, publicado em 212 a.C., quantos grãos de areia são necessários para encher o Universo. Baseado nas dimensões que Aristarco de Samos atribuíra ao cosmo, Arquimedes concluiu que, para enchê-lo, seriam necessários 10^{63} grãos de areia (1 seguido de 63 zeros). O incrível é que 2.200 anos depois, Edward Harrison, cosmólogo americano, tenha constatado que essa quantidade de grãos de areia equivale a 10^{80} núcleos atômicos — que seria a massa do Universo observável, calculada em 1930 por Arthur Stanley Eddington. Embora Arquimedes tenha imaginado um Universo muito menor do que realmente é, achou, porém, que a densidade seria muito maior do que a real, aproximando-se, assim, do total de matéria cósmica calculado por Eddington mais de dois milênios depois!

Sem homens e mulheres — ou seres inteligentes que talvez existam em outras galáxias —, o Universo não passaria de uma entidade sem identidade. E sobre nossas cabeças temos quase 14 bilhões de anos-luz de Universo observável, dos quais apenas 1 bilhão de anos-luz foram mapeados.

*

Nem todos os cosmólogos estão de acordo com o Big Bang. E este nem chega a ser o primeiro tema na pauta das discussões que abrangem o Universo. Hoje nada interessa mais à astrofísica do que chegar a uma teoria unificada, também chamada de teoria do campo unificado, capaz de enfeixar as quatro forças da natureza — a fraca, a forte, a eletromagnética e a gravitacional —, mas os próprios cientistas estão longe do consenso. Talvez essa pluralidade de pontos de vista seja, além de um desafio, uma riqueza.

No que concerne a projetos políticos, não é de estranhar que existam posições divergentes, mesmo porque a política é a arte do imprevisto e do improviso. Mas quando se trata da ciência, supostamente exata, é comum as divergências causarem estranheza no público leigo. O mesmo ocorre com a teologia dentro da mesma Igreja.

Desde o século passado, sabemos que a eletricidade e o magnetismo podem ser considerados uma mesma força. Excetuando a gravitação, são de natureza eletromagnética quase todas as forças que atuam na estrutura da matéria: forças de fricção e forças químicas que unem os átomos em moléculas, forças de elasticidade que moldam a forma dos corpos e forças de coesão que associam grandes partículas de matéria. E o que é mais intrigante: há muita semelhança entre os fenômenos eletromagnéticos e os da gravitação. Os planetas gravitam em torno do Sol e os elétrons percorrem o campo eletromagnético do núcleo atômico. Terra, Sol e demais estrelas possuem um campo magnético. A bússola demonstra que a Terra é um imenso ímã. No entanto, fracassaram, até agora, as tentativas de identificar a atração gravitacional como efeito eletromagnético. Por enquanto, permanece aberto o abismo que separa o macrocosmo do microcosmo.

É falsa a impressão de que no campo das ciências naturais não há também tendências e disputas, malgrado as evidências matemáticas e empíricas. Entre os cosmólogos, enquanto uns defendem a teoria do Big Bang, outros são partidários do modelo do Universo pulsante, segundo o qual este Universo no qual vivemos terminará um dia e, então, teremos um novo Big Bang, e tudo recomeçará, como previram as concepções cíclicas dos hinduístas e dos gregos.

O conceito de um tempo linear, aliás, foi introduzido pelos persas e adotado pela Bíblia, a partir da ideia, inaugurada pelo livro do *Gênesis* e encerrada pelo *Apocalipse*, de que tudo teve um começo e terá fim, exceto a nossa ignorância.

As observações astronômicas dos anos 1920, em especial o progressivo mergulho das galáxias nas profundidades cósmicas, descoberto por Edwin Powell Hubble, condenou ao museu das ciências a ideia de um universo estático, fundada na concepção newtoniana de um sistema solar cujas órbitas seriam fixas. Nascido em 1889, no Missouri, Hubble formou-se em direito, mas sua paixão era a astronomia. Trabalhou no observatório de Monte Wilson antes que as luzes dos subúrbios de Los Angeles obnubilassem a visão de seu telescópio de 250 centímetros. Em 1924, descobriu um tipo especial de estrela na nebulosa de Andrômeda, uma variável Cefeida. Tais estrelas são raras porque sua luminosidade oscila num período regular. A descoberta permitiu-lhe realizar o que os astrônomos tanto sonhavam: medir, de modo seguro, a distância de uma nebulosa e, afinal, decifrar o enigma se as nebulosas espirais são extragalácticas ou joias pertencentes ao corpo da Via Láctea.

Como medir algo tão distante? Até então, o único método era a paralaxe. Experimente fazê-lo. Ponha o seu dedo indicador direito erguido entre seus olhos e feche um deles, abra e feche o outro. Observe como seu dedo "se move" para a esquerda e para a direita em relação à parede ao fundo. A paralaxe é a magnitude do deslocamento do dedo. Quanto mais próximo do olho está o dedo, maior o deslocamento.

Se você colocar o dedo dois palmos além do nariz, verá que este deslocamento parece diminuir. Pode-se calcular a distância do dedo em relação aos olhos medindo o triângulo que formam. Do mesmo modo, os astrônomos podem medir as distâncias dos corpos celestes. Uma estrela é observada de dois observatórios distantes um do outro e sua paralaxe se determina em relação ao fundo estelar. O triângulo formado entre os dois observatórios e a estrela permite que um elementar cálculo geométrico constate a distância em que o astro se encontra. O problema é que o método da paralaxe só funciona para objetos próximos a nós, como os que se encontram no sistema solar.

Na década de 1910, Henrietta Leavitt, que trabalhava no observatório do Harvard College, descobriu um novo método para medir as distâncias cósmicas. Constatou que o brilho das variáveis Cefeidas está relacionado com certo período de tempo. Quanto mais brilhante é a estrela, maior o seu ciclo. Dado que a intensidade da luz se reduz com o quadrado da distância, é possível calcular a que distância se encontra a estrela para explicar seu brilho aparente. Hubble adotou o método de Leavitt para medir a que distância se encontra Andrômeda, baseando-se no brilho de sua coleção de Cefeidas. Concluiu que a distância era de 800 mil anos-luz — o que equivaleria a 10 vezes a distância média entre as estrelas dentro da Via Láctea. Graças aos modernos recursos de medição de que dispomos hoje, calcula-se que Andrômeda está a 2 milhões de anos-luz. Ou seja, a luz de Andrômeda, que chega agora aos nossos olhos, partiu daquela galáxia há 2 milhões de anos, quando, aqui na Terra, o gênero *Homo*, ao qual pertencemos, iniciava a sua evolução.

Hubble não se equivocou de todo. Pelo contrário, seus cálculos asseguraram que Andrômeda está situada além da Via Láctea e constitui uma galáxia. E decifraram o enigma: as nebulosas são, de fato, galáxias distintas. Como já se sabia que existem incontáveis nebulosas, isso significa que o cosmo é muito maior do que até então se suspeitava. Setenta e cinco por cento das galáxias observáveis — cerca de 1 milhão —

são espirais. Nas demais predomina a forma elíptica de um charuto, e há umas tantas irregulares. As galáxias seriam tão numerosas quanto as estrelas da Via Láctea — de 100 a 200 bilhões. E se encontram reunidas em aglomerados distribuídos aleatoriamente pelo céu. Porém, em todas as direções o Universo apresenta o mesmo aspecto. Não se encontrou até agora nenhuma região que destoe do conjunto. É a estética da Criação.

O tom da luz de uma estrela nos fornece sua idade. São as rugas no rosto estelar. No início do século XX, Vesto Melvin Slipher fotografou o espectro da nebulosa de Andrômeda, obtendo uma espécie de "assinatura" ocular da galáxia. Na escola, fazemos a experiência de passar a luz branca através de um prisma para vê-la decompor-se no clássico espectro: vermelho, alaranjado, amarelo, verde, azul e violeta. A luz das galáxias contém algumas dessas cores, revelando-nos a composição química dos astros. Em 1912, examinando fotos de Andrômeda, Slipher constatou que as linhas de seu espectro se deslocavam fortemente para o azul. Era o *efeito Doppler*.

Parado num cruzamento de nível, à espera do trem que se aproxima, um motorista escuta o apito da locomotiva. Como observa o físico brasileiro Luiz Carlos de Menezes, o som é tanto mais agudo quanto maior a velocidade com que se aproxima a composição. E tanto mais grave quanto maior a velocidade de afastamento. Ao se aproximar, o apito do trem chega aos ouvidos do motorista em ondas sonoras, que adicionam a velocidade do som à velocidade do trem. Ao afastar-se, a velocidade ou frequência do som diminui, pois dele se subtrai a velocidade do trem que se distancia. Medindo as variações de frequência do som do apito é possível obter a velocidade do trem. Do mesmo modo, pela variação do tom da buzina, um cego é capaz de dizer se o carro está se aproximando ou se afastando. Este é o efeito Doppler, utilizado pela polícia rodoviária, através do radar, para pegar motoristas apressados. Um aparelho estático irradia sinais pela estrada. Ao bater num veículo, as ondas retornam e são registradas pelo aparelho receptor. Quanto maior a velocidade de deslocamento do carro, mais elevada a frequência do som, por causa do efeito Doppler. Comparando-se a frequência de saída com a do eco devolvido, pode-se calcular a velocidade em que ele trafega. Esse efeito foi descoberto em 1842, nas ondas sonoras e luminosas, pelo físico austríaco Johann Christian Doppler.

A luz é também onda. E, ao contrário do som, atravessa o vácuo. À noite, numa esquina, vemos a luz dos faróis de um carro ficarem mais fortes quando se aproximam e mais fracas ao se distanciarem, mas sempre na cor amarelo esbranquiçado. Isso porque a uma velocidade pequena não se nota o efeito Doppler. Mas se o carro viesse em nossa direção na velocidade de uma nave espacial, veríamos os faróis brancos ficarem azulados. E, ao se afastar, veríamos a luz avermelhada, ou seja, a cor de suas linhas espectrais estaria desviada para o vermelho. Vamos supor que um disco voador rodeado de faróis verdes se aproximasse da Terra. Você veria os faróis ficarem verde-azulados. Ao se distanciar, os faróis ficariam amarelados. O verde-azulado tem uma frequência mais alta do que o verde, e o amarelado, mais baixa. Isso vale para a observação das galáxias e é a chave da cosmologia.

A relação do efeito Doppler com o registro de nascimento das estrelas e das galáxias se explica se considerarmos que o brilho de uma galáxia resulta da luz emitida por bilhões de estrelas que revestem o seu corpo. Os átomos das extremidades das estrelas absorvem as frequências ou cores da luz emitida. As linhas absorvidas permitem saber que as estrelas, situadas a milhões de anos-luz, têm a mesma composição química do Sol e das estrelas mais próximas da Terra. Edwin Hubble descobriu, em 1927, que quanto mais distante se situa uma galáxia, tanto maior é o desvio para o vermelho em suas linhas espectrais e, portanto, sua velocidade de afastamento. Assim, ele pôde calcular a velocidade de expansão do Universo: cerca de 160 km/s por milhão de anos-luz. Em outras palavras, para cada milhão de anos-luz de distância de uma galáxia, a velocidade de seu afastamento sofre um acréscimo de cerca de 160 km/s. Por isso, tudo indica que, tão cedo, o Universo não entrará em colapso.

Isso comprova que as galáxias estão se afastando de um ponto no qual, um dia, estiveram todas juntas, em outro estado de matéria, num denso e diminuto abraço sideral. Quanto maior a velocidade com que se expandem, mais distantes se encontram as galáxias umas das outras. As mais remotas, captáveis pelo olho humano, afastam-se à velocidade de 200 mil km/s — 2/3 da velocidade da luz. A gravidade atua como um freio, reduzindo a velocidade de expansão das galáxias. Em suma, se fosse encontrada uma galáxia percorrendo 300 mil km/s — a velocidade da luz —, então veríamos como ela era quando teria ocorrido o Big Bang. Este é o limite do horizonte cosmológico.

Um dia viajaremos à velocidade da luz? Quem vencer este desafio terá encontrado o novo elixir da eterna juventude. Melhor do que se entupir de vitaminas ou malhar o corpo.

Teoricamente, um turista espacial que viajasse até a estrela Próxima Centauro, distante 4,3 anos-luz da Terra, numa nave que fizesse o percurso de ida e volta em 99,9% da velocidade da luz, envelheceria apenas oito anos e meio, enquanto na Terra teriam passado 192 anos. A bordo, o tempo fluiria 22,4 vezes mais lentamente que na Terra. Parece ficção, mas não é. São as leis da física.

5

PROCURA-SE A IDENTIDADE DO UNIVERSO

O esforço desenvolvido para compreender o Universo é uma das poucas coisas que erguem a vida humana acima do nível da farsa e lhe conferem um pouco da dignidade da tragédia.

Steven Weinberg

Há uma variedade de modelos cosmológicos, do Universo inflacionário ao Universo panqueca; do Big Bang, passando pelo Universo granulado, ao Universo-bolha, que o supõe como uma entre tantas bolhas-universos existentes, semelhante às bolhas de sabão que se formam na ponta do canudo soprado por uma criança. O físico norte-americano Matt Visser sugere que o nosso Universo nasceu, como um bebê, de outro universo-mãe, adquirindo vida própria. Haveria vários universos gerados um pelo outro e ligados por túneis de tempo e de espaço — as pontes de Einstein-Rosen, conhecidas também por *buracos de minhocas*. Se hoje conhecemos bem a arquitetura da casa em que habitamos, a Terra, e bastante do bairro em que nos situamos, o sistema solar, pouco sabemos da cidade, a Via Láctea e, muito menos, do país, este Universo que, sob a máscara preta recoberta de lantejoulas, ainda nos esconde o seu verdadeiro rosto.

O modelo inflacionário baseia-se na hipótese de que, inicialmente, o Universo se dilatou muito mais depressa do que o ritmo linear que apresenta atualmente. O astro físico Alan Guth defende que, no início, todo o Universo estaria contido num volume menor que um átomo e, ao explodir, expandiu-se numa velocidade inflacionária maior que a da luz até atingir sua atual dimensão. Tal hipótese explicaria as irregularidades existentes no espaço cósmico, que contém grandes estruturas, como "caroços" num mingau.

Pode-se também preferir o modelo do Universo estável ou estacionário, que criaria continuamente a matéria que preenche o vazio entre as galáxias, à medida que se expande, e descartar a hipótese de que o Universo teve princípio ou terá fim. A teoria do Universo estacionário surgiu nos anos 1940, proposta por Herman Bondi, Thomas Gold e, com certas diferenças, Fred Hoyle. O Universo teria sido sempre aquilo que é, com poucas variações, como o rio Amazonas é sempre o mesmo, embora a água flua em seu leito. Não teria havido um início. Os defensores do cosmo estável não precisam explicar o que ocorreu antes que o tempo fosse igual a zero. Eles acreditam no princípio cosmológico perfeito. No início dos anos 1980, Stephen Hawking e J. B. Hartle levantaram a hipótese de uma *singularidade* fora da existência, ou seja, uma região onde as leis da física se calam e as equações perdem o seu significado.

George Smoot, um médico norte-americano que se tornou astrofísico, defendeu a tese de que o início do Universo teria ocorrido antes do começo do espaço-tempo. Ao retroceder no tempo, encontramos cada vez menos quanta, até nos depararmos com toda a energia do Universo contida em uns poucos quanta ou mesmo em um só quantum. Se o Universo teve origem em apenas um quantum, conceitos como espaço e tempo só passaram a ter sentido quando o quantum original se subdividiu em um número suficiente de quanta.

O cosmólogo brasileiro Mário Novello acredita que o Universo é eterno, mas não imutável. Ele estaria submetido a movimentos cíclicos de expansão e contração. O período atual seria de expansão. Nos períodos contraídos, os princípios da física quântica predominariam sobre as leis da física clássica. Há ainda quem pense que o Universo vive em evolução cíclica, ou seja, depois de expandir-se ao máximo, contrai-se, repassando as mesmas fases que já atravessou, até atingir seu estado original para, de novo, reiniciar um novo ciclo.

À primeira vista, tal hipótese pode parecer aborrecida, para não dizer outra coisa. Mas quem sabe essa aparente involução não seria uma verdadeira evolução? O inconsciente coletivo não situou sempre o melhor dos mundos nos primórdios da humanidade? Não é lá que estaria o Jardim do Éden ou a Sociedade Primitiva Comunista? Pitágoras não acreditava que a energia primordial involuiu ao criar matéria e nós, seres humanos, teríamos a missão de fazê-la evoluir pelo nosso espírito? Não ganharia a humanidade tendo à sua frente, e não atrás, exemplos como o modo de vida das nações indígenas e Che Guevara, Gandhi e Francisco de Assis, Maomé e Hipácia, Jesus e Buda, Lao-Tsé e Confúcio, e tantos outros?

Mas... e o Big Bang, que na virada de milênio se destaca entre as várias hipóteses e tanto fascina a mídia? Quando se conhecem as distâncias que separam uma galáxia da outra, pode-se determinar o instante em que estavam juntas, à espera do sinal para iniciarem o grande baile. Muitos cientistas consideram que aquele instante seria o início da história do Universo, admitindo que, no princípio, toda a matéria se encontrava reunida num único ponto, o "ovo cósmico", um átomo gigante que, ao explodir, deu o sinal de partida para a expansão do Universo. Há cientistas que preferem outras cosmogonias, como a que supõe uma contínua criação da matéria, de tal modo que, agrupada, ela formaria novas galáxias, enquanto as velhas mergulhariam numa distância inacessível aos nossos olhos, e suas vibrações luminosas não mais chegariam até nós — ao menos enquanto não dispormos de rastreador estrelar capaz de localizá-las. O curioso, contudo, é que o número de galáxias ao alcance dos nossos olhos permanece constante. Por isso, os adeptos da teoria da matéria eterna concluem que as galáxias que desaparecem seriam, como produtos na prateleira do supermercado, continuamente trocadas por outras novas. Assim, para o observador, o Universo apresenta sempre o mesmo aspecto.

Em 1917, após ter formulado a teoria da relatividade, Einstein esforçou-se por encontrar um resultado para as suas equações que representasse a geometria do espaço-tempo do Universo na sua totalidade. Buscou uma solução que fosse homogênea, isotrópica e, equivocadamente, estática. Em vão. Viu-se obrigado a introduzir a "constante cosmológica" em suas equações, o que comprometeu a elegância de sua teoria original, embora lograsse equilibrar as forças de atração gravitacional a grandes distâncias. Seu modelo de Universo era fundamentalmente estático e não predizia qualquer deslocamento para o vermelho. Em 1922, Alexander Friedmann retrabalhou as equações de Einstein e formulou uma solução geral, homogênea e isotrópica, que lançou as bases matemáticas da maioria das teorias cosmológicas modernas. Ele demonstrou a existência de modelos não estáticos no quadro da relatividade geral, mas como seu trabalho era estritamente matemático e não ensejou eventuais consequências nas observações astronômicas, foi preciso esperar até 1927, quando o padre Lemaître logrou resgatar o "Universo em expansão" da esfera da abstração.

Infelizmente, Einstein não foi fiel às próprias equações, pois graças à sua teoria da relatividade geral descobrimos que o Universo não é estático, como queriam os ortodoxos, mas dinâmico, como um corpo que se contrai e se expande. Contudo, ele próprio nunca admitiu a ideia de um Universo dinâmico. Como explicar essa contradição? Muitos cientistas que revolucionaram a ciência sempre foram, no íntimo, conservadores. Como admitia Werner Heisenberg numa conferência, "é muito mais fácil aceitar novos conceitos do que abandonar os antigos".

Copérnico, por exemplo, não descartou certas concepções medievais, como as órbitas circulares, não elípticas, e os epiciclos. Einstein manteve-se convicto de que o Universo era estático, no sentido de que seu raio não variava com o tempo. Seu modelo cosmológico relativista, elaborado em 1917, baseava-se na ideia de que, no seu conjunto, o Universo era intemporal, não apresentando globalmente nenhuma modificação. Não lhe agradava a ideia de que sua expansão se iniciou, um dia, num único ponto. Soava-lhe fantástica a hipótese de que, nos primórdios, todo o espaço e tempo estiveram reunidos num "átomo primitivo", uma singularidade infinitamente densa e diminuta na qual, na ausência de matéria e de espaço-tempo, as leis da física naufragam.

Seria impossível para ele calcular o que ocorreu *antes* da singularidade. Seus cálculos resultariam em absurdo. Assim, ele não aceitava a singularidade como o único limite do conhecimento humano. Queria provar o fruto do Paraíso. Por isso, introduziu a constante cosmológica — uma força desconhecida da natureza que, supostamente, contrabalançaria a atração gravitacional da massa no Universo. Ou seja, as forças se anulariam mutuamente, resultando disso um cosmo estático, que nem se contrai nem se expande.

Ele nem ao menos tinha prova alguma dessa constante cosmológica, mas gozava de suficiente prestígio na comunidade científica para mesclar filosofia com equações matemáticas sem cair no ridículo. Isso comprova que não há ciência ou cientista "quimicamente puro", desprovido de ideologia ou dotado de absoluta imparcialidade.

Dentro de sua própria lógica matemática, o Universo de Einstein não seria estável. A mínima redução da distância entre objetos faria com que sua mútua atração gravitacional fosse maior que a rejeição da constante cosmológica. Portanto, esses corpos começariam a mover-se juntos. Ou, o inverso: afastar-se-iam um do outro se a distância entre eles aumentasse ligeiramente. Em suma, seu Universo era intrinsecamente instável, como prego no angu. Este foi o maior equívoco de sua vida: não se deixou persuadir pela lógica de suas próprias equações.

*

Em fins dos anos 1940, alguns cientistas registraram uma inusitada radiação cósmica de fundo no céu, mas não souberam identificar sua fonte. Talvez um ruído perdido ou um defeito nos equipamentos que utilizavam. Em 1946, Robert Dicke inventou o radiômetro diferencial de micro-ondas, tão sensível que é capaz de detectar radiação cósmica. Em suas pesquisas, concluiu que a radiação de fundo, se um dia fosse detectada, teria uma temperatura inferior a 20°K — escala Kelvin de temperatura, que equivale a cerca de 270 graus centígrados abaixo de zero.

Em 1964, os cientistas Arno Penzias e Robert Wilson, dos Estados Unidos, mediam níveis de ruído que pudessem contaminar o satélite Echo 1, um pioneiro das comunicações, lançado em 1959. Inesperadamente, captaram uma persistente radiação de micro-ondas, numa temperatura de 3,5°K. As faixas de comprimentos de onda das micro-ondas medem de 1 milímetro a alguns centímetros, e nenhuma estrela ou galáxia emite nessa faixa. Tentaram, em vão, eliminá-la. O sinal chegava de todas as direções do céu. Observado de qualquer ponto do espaço sideral, tinha a mesma intensidade. Pensaram que o ruído poderia estar sendo provocado pelo que, elegantemente, chamaram de "material branco dielétrico", ou seja, excrementos de pombos, que tinham pousado sobre a antena do equipamento. Ou talvez o calor gerado pelo corpo das aves. Limparam os excrementos, mas o casal de pombos retornou e o calor persistiu. Para livrarem-se deles, os cientistas optaram pela "solução final"... Ainda assim, lá estava o ruído. Essa radiação de pouquíssima intensidade, como se fora a de um objeto com temperatura de apenas 3 graus acima do zero absoluto — nível teórico no qual cessa todo movimento molecular — é uma relíquia do Big Bang. É o eco fóssil e fantástico do calor e da luz nos primórdios do Universo.

Como descobriram que se tratava do eco do Big Bang? Um colega de Penzias e Wilson, o radiastrônomo Bernard Burke, sugeriu que talvez aquilo fosse um fenômeno cosmológico e aconselhou que entrassem em contato com os cientistas Robert Dicke e James Peebles, especialistas no tema. Por coincidência, no dia em que Penzias e Wilson decidiram chamar Dicke, este havia convidado para almoçar Peebles, Wilkinson e Roll, que trabalhavam na radiação cósmica de fundo. Atendido o telefone, os três cientistas escutaram Dicke falar em "radiação cósmica de fundo" e aguçaram o ouvido. Ao desligar, Dicke virou-se para seus convidados e disse: "Nos passaram para trás." Por acaso, Penzias e Wilson haviam descoberto a radiação cósmica de fundo — o choro do bebê ressoando pelas veredas cósmicas. Era a prova mais contundente do Big Bang.

O fato é que o Universo está se expandindo e se observadores houvesse em todas as galáxias típicas veriam os mesmos movimentos em todas as direções. Isso seria outra prova do Big Bang, pois é sinal de que houve um centro, um ponto de partida, do qual as galáxias se desprenderam um dia, pois quanto mais elas mergulham no espaço, maior a distância que as separa. Outra prova é que, até agora, não foram encontradas estrelas com idade superior a 14 bilhões de anos.

Hoje sabe-se que as galáxias não estão distribuídas homogeneamente por todo o Universo. Algumas de suas regiões são como desertos siderais, sem nenhuma galáxia. Noutras, elas se acumulam, formam superaglomerados de mais de 500 milhões de anos-luz, onde estão congregadas milhões de galáxias. Os superaglomerados galácticos exercem poderosa atração gravitacional sobre galáxias que se situam a distâncias de milhões de anos-luz. Nossa própria Via Láctea está sendo atraída por um enorme superaglomerado que ainda não conhecemos, o Grande Atrator. Assim como o vapor d'água se condensa ao esfriar-se, passando do estado gasoso ao líquido, e se congela se a temperatura se reduz ainda mais, passando do líquido ao sólido, do mesmo modo a matéria, desde o primeiro momento do Big Bang, passa por sucessivas transições de fase.

Pela lei de Hubble, a relação entre as distâncias das galáxias e o desvio para o vermelho de sua luz demonstra que o desvio é produzido pela velocidade de recessão das galáxias num Universo em expansão. Todos os corpos ou objetos, da minha caneta à madeira da mesa em que escrevo, do Sol às galáxias, emitem radiação eletromagnética, seja na forma de ondas de rádio, de micro-ondas, de radiação térmica, de luz infravermelha ou ultravioleta, de luz visível ou de raios X ou gama. Cada uma dessas formas designa um comprimento de onda diferente e, quando este se altera, o tipo de radiação se converte gradualmente em outro. As de rádio, por exemplo, são longas, e as do raio gama, curtas. A fotometria astronômica mede a radiação eletromagnética dos corpos celestes. A decomposição da luz de uma estrela em diferentes cores nos informa os seus diferentes comprimentos de onda. Quanto mais o espectro de cores tende ao vermelho, mais antigo o astro.

Um exemplo é o quasar Q0000-26, cujo desvio do comprimento de onda do ultravioleta para o vermelho nos permite saber que ele concentra muita energia, como a fusão de 10 trilhões de sóis, e se afasta de nós a um ritmo que pode aproximar-se de 93% da velocidade da luz. Isso significa que o

Universo estático de Einstein vai para o museu da cosmologia, pois de fato o Universo está em expansão e o quasar provavelmente se encontra a quase 14 bilhões de anos-luz de nós.

*

Aos que se perguntam "o que fazia Deus antes de criar o mundo?", Santo Agostinho sugere que "preparava o Inferno para quem coloca tais questões absurdas". No entanto, em suas *Confissões,* o bispo africano tenta dar uma resposta racional à questão, situando Deus fora do tempo e o tempo como algo intrínseco à existência do mundo. Para o bispo de Hipona, o cosmo e o tempo nasceram juntos, como a gema e o ovo da galinha. Hoje a ciência lhe dá razão e acrescenta o espaço. Gema, clara e ovo. Não há nexo em falar do Universo como algo que surgiu no tempo.

À luz da gravitação quântica e relativística, o tempo seria finito, porém sem começo, como a superfície de uma esfera, que é finita, mas não tem começo nem fim. O Universo seria uma esfera de espaço-tempo, pela qual se poderia viajar, tanto no espaço quanto no tempo, retornando ao ponto de partida. Isso não viola o princípio de Mach se considerarmos que o mundo da mecânica quântica extrapola o mundo da mecânica newtoniana.

Aos que insistem em indagar o que havia *antes* de o Universo ser criado, Parmênides, filósofo grego, lembra que antes do ser havia o não ser, o nada, e não faz sentido pensar sobre o nada. Para a tradição védica, "o Uno respirava sem qualquer sopro". Alexander Villenkin, físico teórico norte-americano, define o nada absoluto como ausência de energia e matéria e de tempo e espaço. Platão afirma, no *Timeu*, que o Grande Universo foi feito pelo Criador "em forma rotunda e globosa". A moderna cosmologia não está muito distante disso.

O que sabemos hoje sobre a origem e a evolução do Universo se baseia em cinco tipos de observação: 1) A obscuridade do céu noturno, que comprova a heterogeneidade do cosmo, cujas estrelas mais antigas se encontram mais distantes; 2) A composição química dos elementos, com preponderância do hidrogênio e do hélio sobre os elementos mais pesados; 3) A expansão do Universo; 4) A existência da radiação cósmica de fundo; e 5) As ondulações ou "caroços" presentes na estrutura do Universo a partir de 300 mil anos depois do Big Bang, o que permite entender como se formaram, ao longo da evolução, estruturas do tipo das galáxias e dos aglomerados de galáxias.

O que há entre as galáxias, puro vazio, escuro e gelado, como entre as prateleiras de uma geladeira fechada? O vácuo absoluto, com total ausência de matéria ou energia, não existe, exceto como mera abstração. Mesmo entre as infindáveis distâncias que separam as galáxias, há átomos dispersos e variados tipos de radiação. Parmênides, no século VI a.C., já negava a existência do vazio. Criado artificial ou naturalmente, o vácuo não apaga o eletromagnetismo residual que se constitui em seu "fundo". Ora, essa energia residual pode, em suas flutuações de estado, converter-se em matéria, fazendo com que surjam partículas, como previra Aristóteles.

Como falar deste "animal" — expressão pela qual Platão qualificou o Universo no *Timeu* —, se a respeito de sua origem e existência há toda essa pluralidade de hipóteses? Antes do Início do Tempo, o Universo estaria recoberto por uma radiação eletromagnética de alta temperatura. Isso soa à revelação bíblica de que, no princípio, "um vento de Deus pairava sobre as águas" (*Gênesis* 1, 2). Não se pode culpar a ciência por coincidir com a Bíblia, desde que não se pretenda extrair teologia de conceitos científicos. Basta o obscurantismo fundamentalista dos que pretendem obter da Bíblia ensinamentos científicos e ainda acreditam que Deus criou Eva da costela de Adão!

Não convém ceder a nenhum tipo de monismo. E muito menos ao concordismo. Já chega o estrago causado pela cosmologia fixista, que impediu a Igreja de reconhecer que a verdade estava, não com ela, mas com Galileu. Mas convém não esquecer que Galileu expulsou dos domínios das ciências tudo aquilo que não é quantificável na matéria. O resultado é desastroso, pois perdemos a criança junto com a água da bacia atirada fora. Com a visão, o olfato, o tato, foram-se a sensibilidade estética, a ética, os valores, a qualidade e a forma. Foi-se o espírito. Agora, aqui estamos com nossas fitas métricas e podemos medir cada enésimo de milímetro da superfície das coisas. Ocorre que elas também têm profundidade, mas as nossas fitas métricas não são capazes de penetrar o seu interior.

Aristóteles pensava que as estrelas eram meros objetos de decoração. Talvez um capricho de Deus para atenuar aos nossos olhos a escuridão da noite. Se assim fosse, por que são tantas e tão pequenas que não podemos vê-las com nitidez? Ora, se a humanidade não é a razão de ser das estrelas, então Galileu concluiu que elas deveriam ter sua própria razão de ser. Aristóteles também exaltou a cristalina perfeição do céu, porém Galileu demonstrou que a Lua, tão bela aos enamorados, é como um queijo roído por um rato, cheio de buracos, rachaduras e manchas. Aristóteles também pensava que tudo girava em torno da Terra: Sol, Lua, estrelas e planetas. Ao observar as luas de Júpiter, Galileu se perguntou: se algo gira ao redor de Júpiter, então existe algo que não gira ao redor da Terra. Se assim ocorre, a Terra não é o centro absoluto do cosmo. Contudo, os inquisidores romanos o forçaram a dizer que a Terra não se move no espaço. Ainda assim, ele murmurou: *Eppur si muove* ("E, no entanto, ela se move").

O papa João Paulo II ordenou o reexame do caso Galileu e, em nome da Igreja Católica, pediu perdão em público, admitindo que o físico italiano sofrera em mãos das instituições eclesiásticas e acrescentando que a pesquisa científica jamais pode contrariar a fé, pois ambas realidades, profana e religiosa, originam-se do mesmo Deus. À fé cristã pouco importa se houve ou não o Big Bang e se há um ou várias centenas de universos com diferentes idades. A Criação é um dado de fé. A Palavra revelada em Jesus Cristo extrapola qualquer conclusão científica. Contudo, é preciso ter cuidado para não se agarrar à fé e dar as costas à ciência, sem buscar pontos de contato. Deus não se revela apenas nas Escrituras Sagradas. Seus desígnios estão inscritos também na natureza. Ainda que um cristão não possa esconder sua satisfação ao constatar que o evolucionismo se encontra embutido no relato do *Gênesis*, onde a Criação se dá em sete dias e não *ex abrupto*, a ciência deve caminhar sobre suas próprias pernas, sem apelar para a fé religiosa, como a mulher que se afirma pelo que é, sem recorrer ao nome do marido. E a fé religiosa não pode pretender tornar-se convincente apoiando-se na ciência, qual um homem inseguro que ostenta o cargo que ocupa para se impor.

No entanto, é preciso admitir que tanto a fé busca as razões de sua crença, o que funda a teologia, quanto a ciência jamais prescinde inteiramente do ato de fé. Na reflexão teológica, pela qual a razão tenta desvendar o Mistério, mesmo convencida de que a sua essência lhe escapa, exige-se cada vez mais a interdisciplinaridade. Hoje, os estudos bíblicos apoiam-se nas pesquisas da linguística, da arqueologia, da paleontologia, da heurística e de tantos outros ramos das ciências. Por sua vez, se ninguém jamais viu ou isolou um elétron, não haveria certa dose de fé na afirmação de sua existência? Antes de comprová-las, os cientistas creem em suas hipóteses, muitas vezes nascidas na esfera da intuição, lá onde o coração tem razões que a razão desconhece.

Seria incorrer em panteísmo negar a radical diferença entre Deus e o Universo. Este é autônomo, possui suas próprias leis. Não é uma marionete cujos fios são manejados por mãos divinas. Nada mais parecido com o fatalismo que o providencialismo. No entanto, fé e ciência, embora distintas, encontram seu ponto de unidade em cada homem e mulher. Não podemos prescindir da razão em nome da intuição. Nem da intuição, em nome da razão. Lado esquerdo e lado direito do nosso cérebro articulam essas duas dimensões. Do mesmo modo, a ciência nos conduz à descrição e ao sentido do Universo; a mística nos abre a possibilidade de experimentar, aqui e agora, o próprio Sentido, contemplando a natureza com outros olhos — visão que nos precede e seduz, luz que desponta na obscuridade da fé, fogo que instaura a eternidade nas teias do espaço-tempo. Nascido da fé, esse fruto é fundo, forte, farto e fértil.

*

Por milhões e milhões de anos, o Universo seguirá seu movimento de expansão, dilatando espaços, como as luzes faiscantes de fogos de artifício. O seu futuro, entretanto, depende da relação de sua densidade cósmica com certo valor crítico. Se a densidade cósmica for menor que certo valor crítico, então essa é uma viagem sem fim. Contudo, o "animal" irá envelhecendo ao longo da estrada sideral: aos poucos, cessarão suas reações termonucleares, deixando em seu rastro estrelas anãs, estrelas de nêutrons e talvez buracos negros. Velas consumidas por suas chamas, pouco a pouco as estrelas irão se apagando, uma a uma, à medida que suas reservas de energia atingirem o limite. Os planetas continuarão como ponteiros no relógio, porém em ritmo mais lento por irradiarem ondas gravitacionais sem, contudo, cessarem completamente seu movimento orbital num tempo finito. Se os prótons chegarem à fronteira de sua duração, a própria matéria se desagregará. Na proporção inversa ao tamanho do Universo, a febre dos fundos cósmicos de radiação e de neutrinos decrescerá, sem nunca faltar. Absorvida pela boca insaciável do imenso buraco negro em que o Universo se transformará, a poeira cósmica será o último sinal — solo de flauta num concerto cuja sala desaba de repente. O próprio espaço-tempo volatilizar-se-á.

O que restará da informação acumulada no decorrer de bilhões de anos? Se é verdade que a entropia — a degradação da ordem de um sistema — é proporcional à organização do próprio sistema, então o acúmulo de informações — o conhecimento — contribui para o aumento da entropia global. O caos seria um indício de presença da informação dentro de um sistema. Nesse caso, a morte do Universo pode ser entendida como sinal da presença, além da matéria, de uma indescritível quantidade de informação — a neguentropia. E o fim do Universo coincidiria com a sua finalidade: gerar conhecimento. Assim, seu estertor poderá ser a epifânica manifestação do Conhecimento Puro, detido por um Ser infinito que transcende o Universo.

Mas se a densidade for maior que certo valor crítico, então a viagem terá fim. O Universo atingirá seu limite, sua expansão cessará e ele começará a se contrair como um balão que se esvazia. Se os cálculos estão corretos, e se o Universo tiver hoje 13,7 bilhões de anos, então a contração terá início daqui a 75 bilhões de anos. Ele consumirá, nesse movimento de retroação, o mesmo tempo consumido na expansão. E daqui a 165 bilhões de anos terá sua atual dimensão. E, passados mais 14 bilhões de anos, atingirá um singular estado de densidade infinita, quando todas as galáxias, as estrelas e os planetas estarão comprimidos num ponto matemático que anulará o espaço e o tempo.

Para o Apocalipse, teremos de comprar roupas de inverno ou de verão? Quanto mais o Universo se expandir, menor será a temperatura dos fundos cósmicos de fótons — que são quanta de luz — e de neutrinos. Quanto mais se contrair, mais o calor o abrasará. No seu limite de expansão, o fundo de radiação será tão frio que não será fácil detectá-lo. Mas basta que o Universo se contraia a um centésimo de seu atual tamanho para que o céu noturno se torne tão quente quanto durante o dia.

Se algum dia a expansão provocada pelo Big Bang cessar, encolhendo a nossa morada cósmica, rumo à Grande Implosão, 180 bilhões de anos depois ele terá tamanho 10 vezes menor do que o atual e, se olhos houver, o céu será tão brilhante como se o Sol tivesse baixado sobre a Terra à altura das nuvens. As moléculas de nossa atmosfera, e da atmosfera de todas as estrelas e de todos os planetas, e aquelas que vagueiam pelo espaço intergaláctico, perderão seus átomos componentes e os átomos verão partir, livres, seus elétrons e núcleos, desfazendo-os. Após 70 mil anos, a temperatura cósmica será de 10 milhões de graus, e todas as estrelas e planetas estarão diluídos na sopa cósmica de radiação de elétrons e de núcleos. Em dias, a temperatura atingirá 10 bilhões de graus. Os núcleos se esfarinharão em seus prótons e nêutrons constituintes, como quem desfaz o tecido do tapete cósmico, deixando entrever o fundo cósmico de fótons e neutrinos. Logo, a colisão entre fótons provocará o início da criação de elétrons e pósitrons, e o fundo cósmico de neutrinos e antineutrinos entrará em equilíbrio térmico com o conjunto do Universo.

Se a massa capaz de deter a expansão do Universo for insuficiente, essa expansão prosseguirá sem limites, reduzindo progressivamente a temperatura de nossa morada cósmica. Será o Grande Frio. Resta uma terceira alternativa: a densidade de massa no Universo atingir o equilíbrio entre o caminho rumo à Grande Implosão e à expansão indefinida.

Assim, a expansão será cada vez mais lenta, talvez até se detenha, sem nunca se inverter. Este estado de plenitude da matéria é conhecido como densidade crítica.

Qualquer que seja o destino do Universo, ainda temos pela frente ao menos 50 bilhões de anos. Algumas hipóteses admitem que, uma vez contraído, o Universo venha a sofrer um solavanco e reinicie seu processo de expansão. Os filhos de Thor subirão dos Infernos com suas ferramentas e o Universo começará de novo. E, um dia, a expansão atingirá de novo o seu limite e ele conhecerá outra contração, que cessará em outro solavanco cósmico, numa dança eterna.

Se este é o futuro, então nada impede que tenha sido também o passado. Estaríamos assim numa fase de expansão resultante da última contração. Eterna oscilação, sem gênesis. Os hinduístas sempre acreditaram que também o cosmo sofre sucessivas mortes e renascimentos. E o curioso é que a sua escala de tempo equivale à da cosmologia científica atual. O dia e a noite de Brahma estão calculados em 8 bilhões e 64 milhões de anos de duração — mais que a idade da Terra e do Sol, e cerca de metade do tempo que nos separaria do Big Bang.

Nessa hipótese, todavia, há uma dificuldade teórica. Em cada ciclo, a proporção entre fótons e partículas nucleares se desequilibra ainda mais, predominando os primeiros, em razão da fricção conhecida como viscosidade de volume. Hoje, esse desequilíbrio é grande, embora não infinito, o que significa que não há um passado de infinitos ciclos, mas que um dia tudo teve um começo.

O fato é que a realidade permanece um mistério. O que sabemos de nós? O que deciframos do Universo? Talvez a morte seja a única maneira de retirar o véu que, para cada um de nós, encobre todas as coisas. E é possível que, um dia, a ciência descubra que todo o Universo se resume a uma equação muito simples.

O Universo é feito de matéria, mas o Espírito o perpassaria, como o faz em cada um de nós. Quando decompomos a água, o que encontramos? Gases, hidrogênio e oxigênio. Do mesmo modo, quando toda a matéria do Universo se exaurir, quem sabe o Espírito estará plenificado, inclusive dotado de uma matéria gloriosa, transmutada pela "ressurreição da carne".

Vale lembrar que, seis séculos antes de Cristo, Tales de Mileto ensinava que "todas as coisas estão cheias de deuses".

6

O IMPONDERÁVEL MUNDO DO INFINITAMENTE PEQUENO

O oposto de uma verdade profunda
pode ser também uma verdade profunda.

Niels Bohr

A física quântica é como o espelho de Alice. Quando se penetra nela, entra-se num mundo surpreendente e maravilhoso, cujas leis não coincidem com as que regem a esfera de nossa vida cotidiana. Einstein dizia que a caçula da física teórica é a mecânica dos quanta, proposta em 1900, quando o alemão Max Planck ousou abandonar a tradicional suposição de que a energia é emitida de forma contínua e abraçou a hipótese, inusitada, de que a energia vem em unidades distintas, chamadas *quanta*. Porém, a ruptura decisiva com a física clássica ocorreria em 1927, quando o alemão Werner Heisenberg estabeleceu o *princípio da indeterminação* ou da incerteza — pode-se conhecer a posição exata de uma partícula ou a sua velocidade, mas não as duas coisas ao mesmo tempo. Impossível saber, simultaneamente, onde um elétron se encontra e para onde ele se dirige. Pode-se saber onde ele se encontra, mas jamais captar, ao mesmo tempo, a sua velocidade. Pode-se medir sua trajetória, nunca sua localização exata.

Numa câmara úmida podemos observar a direção na qual um próton se move, até que ele passe pelo vapor d'água, quando sua desaceleração impedirá que saibamos onde se encontra. A outra alternativa é irradiar o próton, tomando uma foto dele, mas a luz ou qualquer outra radiação usada em fotografia o desviará de sua trajetória, de modo que jamais saberemos qual seria seu percurso se não tivesse sido incomodado pelo *cientista-paparazzo*.

Ao contrário do que supunha Einstein, Deus parece jogar dados com o Universo. As imutáveis e previsíveis leis da natureza em sua dimensão macroscópica não se aplicam à dimensão microscópica. Na esfera do infinitamente pequeno, segundo o princípio quântico da indeterminação, o valor de todas as quantidades mensuráveis — velocidade e posição, momento e energia, por exemplo — está sujeito a resultados que permanecem no limite da incerteza. Isso significa que jamais teremos pleno conhecimento do mundo subatômico, onde os eventos não são determinados necessariamente pelas causas que os precedem. Todas as respostas que a natureza nos fornece naquela dimensão estarão inelutavelmente comprometidas por nossas perguntas.

Essa limitação do conhecimento não estaria atualmente condicionada pelos recursos tecnológicos de que dispomos? Não se poderia criar, no futuro, um aparelho capaz de acompanhar o movimento do próton sem interferir na sua trajetória? A incerteza quântica não depende da qualidade técnica dos equipamentos utilizados na observação do mundo subatômico. Esta é uma limitação absoluta.

No mundo quântico, a natureza é dual e dialógica. Dual, e não dualista, no sentido platônico, mas sim, como ressaltava Niels Bohr, numa interação de complementaridade.

Um elétron se apresenta ora como onda, ora como partícula, energia e matéria, Yin e Yang. E cessa o reino da objetividade: há uma inter-relação entre observador e observado. A natureza responde às questões que levantamos. A consciência do observador influi na definição e, até mesmo, na existência do objeto observado. Entre os dois reina um único e mesmo sistema. Olho o olho que me olha. Em 1926, numa conversa com Heisenberg, Einstein dizia: "Observar significa construir uma conexão entre um fenômeno e nossa concepção do fenômeno." Assim, a física quântica afirma que não é possível separar cartesianamente, de um lado, a natureza e, de outro, a informação que se tem sobre ela. Em última instância, predomina a interação entre o observado e o observador. É dessa interação sujeito-objeto que trata o princípio da indeterminação.

Há uma intrínseca conexão entre consciência e realidade. Assim como se chega à plenitude espiritual também pela abstinência, renunciando ao império dos sentidos, não é possível entender a teoria quântica sem abdicar do conceito tradicional de matéria como algo sólido e palpável. Nos umbrais desse novo paradigma que um dia também será velho — devemos deixar para trás ideias que, no decorrer de gerações, foram tidas como universais e imutáveis. Segundo os pais da teoria quântica, Werner Heisenberg e Niels Bohr, na esfera subatômica, conceitos sensatos como distância e tempo, e a divisão entre consciência e realidade, deixam de existir. De modo que os cientistas são obrigados a abrir mão da simetria que tanto os seduz para se dobrarem à imposição da natureza, pois quem governa o átomo não é a mecânica newtoniana, mas a mecânica quântica.

A carteira de identidade química do átomo encontra-se no número de prótons contidos em seu núcleo. São eles que determinam a carga elétrica do núcleo que, por sua vez, fornece o número de elétrons em órbita em torno do núcleo. Um átomo simples de hidrogênio possui um único próton — que é também o seu núcleo — cercado por um elétron. Os átomos mais pesados possuem mais prótons e nêutrons, e também mais elétrons que coroam o núcleo.

Medir a localização e a trajetória de bilhões de partículas e, com os resultados, prever o movimento dos prótons, é física clássica. Heisenberg pretendeu demonstrar que jamais poderemos conhecer tudo sobre os movimentos de uma partícula. Ora, como observa Luiz Pinguelli Rosa, em ciência todo resultado é provisório. Contudo, o princípio da indeterminação revolucionou a visão que a física newtoniana tinha do mundo. Agora a física quântica desafia a nossa lógica. Quando um fóton — que é um quantum — atinge um átomo e obriga o elétron a passar instantaneamente da órbita inferior para a superior, o elétron, como um acrobata, o faz sem atravessar o espaço intermediário. É o que se chama *salto quântico* que, além de desafio científico, é também um problema filosófico. É essa mesma incerteza quântica que explica a colisão de próton com próton no seio das estrelas — o que, à luz da física clássica, parece tão impossível quanto um boi voar.

É mais fácil acreditar no boi voador que acolher sem interrogações a teoria quântica. O próprio Einstein, um dos pioneiros desta teoria e que formulou a hipótese do fóton como quantum de luz, chegou a afirmar que estava intimamente persuadido de que os físicos não poderiam se contentar por muito tempo com essa "descrição insuficiente da realidade". Discordou da interpretação probabilística da mecânica quântica. Só que, em geral, a insuficiência não está na natureza e sim em nossas cabeças, o que não significa que possamos alimentar a pretensão de penetrar todos os segredos da natureza. Moça pudica, ela preservará para sempre certos mistérios, como argumenta a Escola de Copenhague ao demonstrar que certos acessos não estão permitidos pela própria natureza. Entretanto, quando Aristarco afirmou, 15 séculos antes de Copérnico, que a Terra gira em torno do Sol, os gregos apelaram para o bom-senso e convocaram os nossos sentidos como testemunhas fidedignas de que a Terra não se move, mesmo porque, se tal ocorresse, os habitantes de Atenas seriam atirados pela ventania em direção ao Leste, e os atletas de Olímpia dariam um salto maior que as pernas. Séculos depois, a mesma lógica foi aplicada, em vão, para tentar descartar as teorias de Copérnico e de Galileu.

Um dos grandes problemas, em qualquer esquema de pensamento, é a migração de sentido. Assim como achamos que, na esfera microscópica, a natureza deve refletir o que estamos acostumados a ver na esfera macroscópica, do mesmo modo achamos que os outros deveriam pensar politicamente como pensamos, ou que a nossa língua expressa a realidade melhor que as outras, ou que a nossa religião é mais autêntica que as demais, ou que o nosso estilo individual de vida é bem melhor que o do vizinho. Ao longo dos séculos, a migração de sentido provocou muitas confusões. Colonizados insistiam em imitar os colonizadores, como hoje o estilo de vida dos ricos da metrópole exerce fascínio em muitos pobres da periferia. Teólogos, montados na carruagem bíblica, teimavam em conduzir os cavalos empíricos na direção dos pressupostos da fé. Psicólogos reduziam a política a uma questão de sanidade mental. Ora, a ciência é filha da dúvida. Quando era considerado senso comum que o éter perpassa o Universo como uma malha invisível, Einstein ousou discordar, tirando a pesquisa científica de um beco sem saída.

O princípio da indeterminação aplica-se também à história. A liberdade humana é um reduto quântico. Muitas vezes observamos pessoas que poderíamos qualificar de "partículas", como os políticos, e outras que mais parecem "ondas", como os artistas. Em cada um de nós essa dimensão dual também se manifesta, sobrepondo-se, como análise e intuição, razão e coração, inteligência e fé. Uma expressão humana tipicamente quântica é o jazz, onde cada músico improvisa dentro das leis da harmonia, interpretando com o seu instrumento a sua própria melodia. Não se pode prever exatamente a intensidade e o ritmo de cada improviso e, no entanto, o resultado é sempre harmônico.

Não há leis ou cálculos que prevejam o que fará um ser humano, ainda que seja um escravo. Lá no núcleo central de nossa liberdade — a consciência — ninguém pode penetrar. Nem mesmo à aceitação da verdade o ser humano pode ser obrigado. Santo Tomás de Aquino, que nada entendia de física quântica, mas muito sabia da condição humana, chega a afirmar que é "ilícito até mesmo o ato de fé em Cristo feito por quem, por absurdo, estivesse convencido de agir mal ao fazê-lo".

O resgate da liberdade humana pela ótica quântica e, por conseguinte, o abandono dos velhos esquemas deterministas, reinstaura o ser humano como sujeito histórico, superando toda tentativa de atomização e realçando a sua inter-relação com a natureza e com os seus semelhantes.

Toda síntese incomoda a quem se situa num dos extremos. A reintrodução da subjetividade na esfera da ciência mexe com bloqueios emocionais arvorados em profundas raízes históricas. Em nome da fé — uma experiência subjetiva —, inúmeros cientistas, taxados de hereges ou bruxas, foram condenados à fogueira da Inquisição. Em pleno Renascimento, Giordano Bruno morreu queimado e Galileu viu-se obrigado a se retratar. Com o Iluminismo, no século XVIII, os cientistas assumiram a hegemonia do saber e o controle das universidades, identificando criatividade e liberdade com objetividade, e relegando à subjetividade tudo que parecesse irracionalidade e intolerância.

Na prática, ainda estamos longe do resgate da unidade. No Ocidente, as universidades continuam fechadas a métodos de conhecimento e vivência simbólica como a intuição, a premonição, a astrologia, o tarô, o I Ching e, no caso da América Latina, às religiões e aos ritos e mitos de origem indígena e africana. Tais "superstições" são ignoradas pelos currículos acadêmicos, embora haja professores e alunos que frequentam terreiros e mães de santo e consultam as cartas do Zodíaco e os búzios. Por sua vez, nas escolas de formação religiosa ou teológica ainda não há espaço para a atualização científica, nem se olha o céu pelas lentes de astronomia ou a intimidade da matéria pelas equações quânticas. A pluridisciplinaridade, rumo à epistemologia holística, permanece como desafio e meta. Porém, há razões para o otimismo quando se constata a abertura cada vez maior da cartesiana medicina ocidental à acupuntura e o interesse de renomados cientistas pela sabedoria contida nas culturas da Índia e da China.

*

A física quântica estaria "atrasada" em relação à espiritualidade oriental pelo menos 3 mil anos? Luiz Pinguelli Rosa observa que uma coisa pouco tem a ver com a outra. Não são comparáveis. Todavia, não deixa de ser curioso notar que os místicos indianos já haviam intuído que o mundo, na sua essência, é ilusório aos nossos olhos. Vemos o que não é como quem olha a superfície do mar e não enxerga a maravilha que se abriga sob as ondas. Vemos como quem admira uma barra de ouro, aparentemente um metal de maciça solidez. De fato, os espaços vazios existentes numa barra de ouro são infinitamente maiores do que as suas partes sólidas, pois os núcleos de cada um desses átomos são tão pequenos que, se um átomo fosse ampliado um bilhão de vezes, até que a sua camada externa de elétrons ficasse do tamanho da cidade de São Paulo, seu núcleo teria apenas a dimensão de um carro estacionado no centro. Há tanto espaço na escala subatômica quanto no nível das galáxias.

Uma das grandes ilusões, das quais a revolução quântica nos livrou, foi a suposição de que os seres humanos estão separados da natureza. Antes, tínhamos a pretensão de ficar como observadores passivos perante o mundo físico, contemplando-o através de nossos microscópios ou telescópios. Agora, sabemos que não há observação imparcial. Caiu definitivamente o dogma da imaculada concepção da neutralidade científica. A pergunta que fazemos influi na resposta que obtemos. Dependendo do modo como "olhamos" as partículas, elas se apresentam à nossa visão ora como partículas, ora como ondas. A dualidade onda-partícula derrubou o princípio filosófico de que duas afirmações contraditórias não podem aplicar-se ao mesmo objeto. No universo quântico, a lógica formal sente-se como uma velha dama apreciadora de óperas num espetáculo de jovens metaleiros. Os fótons, por exemplo, são ondas e partículas. Ondas, porque formam entidades contínuas; partículas, porque também formam unidades descontínuas. O paradoxo não reside na natureza, mas em nossa linguagem, incapaz de exprimir as mutações da substância primordial, a energia. Partículas são substâncias encerradas num ínfimo volume e ondas, campos que se estendem *ad infinitum*. Para a matemática, as duas imagens se equivalem.

O que outrora era apenas uma intuição dos místicos ou uma questão filosófica torna-se, com a física quântica, uma realidade: não vemos as coisas como elas são em si mesmas, mas tão somente alguns de seus aspectos superficiais. O que vemos no céu não são apenas estrelas e o que vemos no chão não são só pedras. Nossos sentidos não captam a estrutura mais íntima da matéria. Agora, porém, nossa visão está aprimorada pela física quântica. Assim como os átomos consistem em vastas regiões de espaço, onde os elétrons se movimentam ao redor de um núcleo, as partículas subatômicas, como elétrons, prótons e nêutrons, em nada se parecem com os objetos sólidos da física clássica. São elementos muito abstratos e têm aspecto dual. A dificuldade da física quântica é que não há como falar dela sem utilizar a linguagem da física clássica.

O elétron, por exemplo, pode ser encontrado em dois lugares: nos fios de eletricidade, onde flui como partícula de carga negativa, e nos átomos e moléculas revestidos por ele. Dependendo de como o observamos, ora parece partícula, ora onda. Trata-se de estranha realidade física situada no imponderável terreno entre a possibilidade e a realidade. O mesmo ocorre com a luz, cujos fótons podem adotar a forma de partículas ou de ondas eletromagnéticas. Como dizia Bohr a Heisenberg, "quando pretendemos falar de átomos temos de usar palavras, e essas palavras só podem ser retiradas de conceitos antigos, da linguagem tradicional. Estamos, portanto, diante de um dilema insolúvel, como marinheiros que chegam a um país muito distante. Eles não conhecem o país, veem pessoas cuja linguagem nunca ouviram e não sabem, pois, como se comunicar".

As partículas não são propriamente minúsculos objetos, são feixes de energia, e só podem ser concebidas dentro de uma estrutura conceitual capaz de fundir espaço e tempo no *continuum* quadridimensional. Por isso, não devem ser representadas como minúsculas bolas de bilhar, como ocorre nas ilustrações de livros didáticos. Não podem, enfim, ser geometrizadas, como Einstein geometrizou a gravitação. Quando lidamos com o espaço tridimensional, podemos projetar uma figura no papel através de cortes que representem sua superfície bidimensional. Um cilindro, por exemplo, quando figurado num corte plano, parece um círculo. Será que uma partícula subatômica, que ora vemos como onda, ora como partícula (seria uma *ondícula*?), não estaria nos mostrando, a cada momento, como fazem as bailarinas, apenas um perfil de suas dimensões? Não veríamos apenas um lado da moeda? Todos esses conceitos físicos, como partícula e onda, são extraídos da física clássica e a rigor não se aplicam à física quântica. Por isso, só podem ser expressos em linguagem mítica, mística ou matemática. Os gregos e Galileu acreditavam que o livro da natureza é compreendido por quem conhece a linguagem da matemática, na qual foi escrito. Porém, muito antes deles, os hinduístas já haviam pressentido o princípio da dualidade quântica.

Uma das experiências mais fascinantes, que confirma o paradoxo da mecânica quântica, é a do gato de Schrödinger, demonstrada com muita arte pelo diretor M. Yamada em seu filme *Einstein*. O princípio quântico reza que a observação humana modifica o estado das partículas elementares. Jamais veremos a dança de um elétron em "estado livre", pois ele muda de ritmo e de passo quando prestamos atenção ao seu rodopio em torno do mestre-sala conhecido como núcleo atômico. O gato de Schrödinger nos ajuda a entender essa contradição se, imaginariamente, o vemos entrar numa caixa onde há um estojo que produz radioatividade, sem que se possa prever quando isso acontece. Sabemos apenas que, ao ocorrer, a radioatividade será captada por um detector conectado a um martelo colocado por cima de uma ampola contendo cianureto de potássio. A radioatividade captada pelo detector soltará o martelo que, por sua vez, quebrará a ampola, exalando o cianureto que matará o gato. Portanto, por este mecanismo, o estado das partículas elementares determina a vida ou a morte do gato.

A caixa é fechada com o gato dentro. Segundo a mecânica quântica, as partículas elementares, fora da observação humana, encontram-se em estado semelhante a uma nuvem.

No interior da caixa, o estado radioativo e o estado não radioativo se sobrepõem como nuvens e são transmitidos ao detector, que tanto acusa como não acusa a radioatividade. Assim, o martelo desce e simultaneamente não desce, e a ampola com cianureto é, ao mesmo tempo, quebrada e preservada. O gato, por sua vez, morre e não morre.

Quando se abre a caixa e se olha o gato, ocorrem bruscas mudanças no estado das coisas. De acordo com o princípio quântico, a presença do observador influi no fenômeno observado. O gato passa de um estado onde vida e morte coexistem para o estado de vida *ou* de morte. Ora, segundo o senso comum, o destino do gato deveria ter sido decidido *antes* de ser aberta a caixa. Porém, o que nos parece previsível e lógico não ocorre dentro da caixa dominada pelo estado quântico das partículas elementares. E o paradoxo do gato de Schrödinger permanece ainda um enigma.

Talvez seja como na mística, em que a experiência de Deus se depara com um limite além do qual as palavras devem se calar. Santo Tomás de Aquino esbarrou nesse limite quando celebrava missa em Nápoles e, desde então, considerou toda a sua obra "um monte de palha". E São João da Cruz deixou três de seus quatro livros inacabados.

Também as nossas impressões da realidade se calam diante da esfera quântica. Se, de um lado, hoje percebemos que existe uma unidade indelével entre todo o Universo, da galáxia de Andrômeda aos nossos sentimentos mais íntimos, de outro sabemos, também, que não se pode decompor a matéria em unidades autônomas. Nenhuma partícula atômica possui propriedades independentes de seu meio ambiente. Tudo é uma complexa teia de relações entre as várias partes de um todo unificado. Enquanto na física clássica o comportamento das partes determina o todo, na física quântica ocorre exatamente o contrário, é o todo que determina o comportamento das partes. O eletromagnetismo, por exemplo, se encontra tanto na propagação da luz quanto na arquitetura da matéria. A força que mantém os elétrons em suas órbitas, girando em torno de partículas nucleares, formando átomos, é de natureza eletromagnética. Ela também une átomos entre si para formar moléculas, e ainda une moléculas para formar pedras, folhas de um livro ou tintas usadas na impressão das palavras. Tudo que é concreto, das estrelas à laranja, da parede da casa ao tecido de nossas roupas, implica eletromagnetismo em sua textura.

Gregos como Demócrito e Leucipo se equivocaram ao defender que a estrutura básica de toda matéria era formada por pequeninos tijolos, a que chamaram *átomos*, ou seja, "impossível de separar". A estrutura do átomo só se tornou conhecida no fim do século XIX, quando J. J. Thomson identificou o elétron, um dos seus três principais componentes. Em 1913, o mesmo Thomson identificou o próton e, em 1932, James Chadwick identificou o nêutron. Durante certo tempo imaginou-se que cada átomo fosse como um sistema solar em miniatura, o que não é certo. O próprio Teilhard de Chardin teria preferido que o infinitamente pequeno fosse uma delicada reprodução do infinitamente grande. Hoje, a física descarta também o materialismo de Demócrito, que considerava os átomos indestrutíveis e eternos. Como previram os pitagóricos e Platão, as partículas elementares podem se transformar uma na outra. O que parece indicar que todas as partículas são feitas da mesma matéria-prima, a energia.

Um dos maiores desafios que hoje enfrentam os físicos teóricos é harmonizar a física das partículas — isso que Teilhard chamou de infinitamente pequeno — com a cosmologia, que estuda o infinitamente grande.

Entre as partículas, as infinitamente pequenas, por enquanto, são os quarks, ligados por glúons, e que se uniram para formar prótons e nêutrons quando o Universo tinha a idade de 1 centésimo de milésimo de segundo. O próton não é exatamente uma partícula elementar em forma de ponto. É um corpo constituído por três quarks, assim como o nêutron. O diâmetro do próton equivale à distância média entre os quarks que o compõem: cerca de um décimo trilionésimo de centímetro. Ou 1 centímetro fatiado em 10 trilhões de "pedaços". Ali dentro os quarks não ficam em repouso. Devido à incerteza quântica, mudam continuamente de posição. A natureza baila tanto na esfera do micro quanto na do macro. E tudo indica que este é um princípio universal.

A diferença entre prótons e nêutrons é que os primeiros são positivamente carregados e, os segundos, como diz o nome, neutros. Também os distingue o fato de serem constituídos por quarks de "cores" e "sabores" diferentes — *up, down, charm, strange, bottom e top* —, o que cria a força de atração que, dentro do átomo, forma o núcleo. Este, eletricamente carregado, atrai os elétrons, formando o átomo, que é neutro. Porém, quando os átomos estão muito próximos entre si, suas forças elétricas desencadeiam uma atração que os une para formar as moléculas. Enfim, toda a estrutura material do Universo é feita a partir desse jogo amoroso que agrega partícula por partícula.

Segundo a física das partículas, com exceção dos quarks *up* e *down,* os demais não sobreviveram às primeiras frações de segundo do Universo. O quark *top,* por exemplo, dura apenas um trilionésimo de trilionésimo de segundo, logo se transformando em outra partícula mais estável. Já os quarks *up* e *down* tiveram mais sorte que seus irmãos e formaram os prótons e nêutrons. Todos eles, no entanto, podem agora ser detectados pelos aceleradores de partículas, que recriam as condições primordiais do Universo, desvendando-nos a sua gênese.

A evidência de que existe o quark *top* só foi alcançada em 1995, graças também à contribuição da equipe dirigida pelo físico brasileiro Alberto Santoro, do Centro Brasileiro de Pesquisas Físicas, do Rio de Janeiro. Se o *top* não existisse, a teoria atual sobre a física das partículas, conhecida por *modelo padrão,* cairia por terra. "Teríamos de pensar tudo de novo" — admite o físico brasileiro J. Leite Lopes —, "o que seria excitante, mas equipes de vários laboratórios, trabalhando com os eventos produzidos pelo acelerador do Fermi National Laboratorv, encontraram evidências do quark *top*".

*

Uma das experiências mais intrigantes da física foi realizada pelo físico inglês Thomas Young, no século XIX. Numa superfície plana, como uma tábua que se mantém de pé, ele abriu duas fendas paralelas e colocou uma luz de um lado e, de outro, uma tela. Quando a luz atravessou as fendas, a tela ficou marcada por riscas verticais, alternadamente escuras e claras. Young concluiu que a luz é como ondas que se propagam num fluido. Formulou, então, a teoria ondulatória da luz.

Porém, Einstein defendia que a luz é feita de pequenos grãos, os fótons, que se propagam em turbilhão, mas estão separados uns dos outros. Ora, como grãos separados uns dos outros podem deixar na tela o registro de tiras sucessivamente claras e escuras? Costuma-se fazer com a luz a seguinte experiência similar à de Young: tapa-se a fenda da esquerda, *A*, obrigando a luz a passar só pela fenda da direita, *B*. E reduz-se a sua intensidade, de modo que ela "atire" suas ondas pausadamente. Ao atirar os primeiros fótons, eles passam pela única fenda aberta, a da direita. Em seguida, é aberta a fenda *A* e atirados novos fótons. Pela lógica, estes deveriam bater na tela no mesmo ponto atingido pelos primeiros fótons. Mas não é isso que acontece. Os fótons atingem também a tela em pontos diferentes daqueles do início, *como se tivessem consciência* de que, agora, as duas fendas estão abertas.

Como os últimos fótons descobriram que a fenda *A* agora está aberta? Ao prosseguir atirando fótons, sem fazer pontaria nesta ou naquela fenda, aos poucos, percebe-se que, na tela, surgem as mesmas riscas alternadamente claras e escuras, comprovando que o impacto progressivo dos fótons coincide com o impacto instantâneo ocorrido no início. Como cada fóton "sabe" onde bater para formar a mesma imagem geométrica de riscas verticais perfeitamente ordenadas? Quem informa aos fótons que há duas fendas? Mais: quando o cientista organiza a sua experiência para verificar a trajetória de cada fóton, este se comporta apenas como uma partícula que atravessa um orifício. Mas se o observador prepara a experiência permitindo o aparecimento das riscas, elas aparecem, demonstrando o caráter ondulatório da luz.

Os fótons *sabiam* que eram observados? Só se pode compreender esta experiência abandonando a concepção de que o fóton é um objeto determinado. Ele existe apenas como uma onda de probabilidades e, quando observado, comporta-se também como partícula; quando ignorado, mantém todas as suas potencialidades. Algo informa ao fóton que está sendo observado e de que modo, como se estivesse em interação com a consciência e os atos do observador. Em suma, quem informa ao fóton o estado quântico do Universo é a consciência do observador. Há um diálogo espiritual entre observador e observado. Segundo a equação de Schrödinger, quando partículas de luz passam através de uma tela para atingir um filme que se encontra atrás, 10% das partículas se dirigem a uma zona *X* e as 90% restantes à zona *Y*. Se as partículas forem injetadas uma a uma através da fenda, quando se completarem os 10% das que se dirigem à zona *X*, ficaremos com a impressão de que as partículas restantes "sabem" que a cota já foi cumprida e, agora, resta-lhes a zona *Y*. Como? Por quê? Que sinal ou informação trocam entre si?

*

Einstein acreditava profundamente na harmonia inerente à natureza. Relutou em aceitar que o físico dinamarquês Niels Bohr acertara na mosca. Sua mente concebia uma realidade externa, onde os vários elementos da matéria podiam ser apreendidos de modo independente e separados uns dos outros. No fundo, sua concepção científica descendia e dependia da filosofia de Descartes. Aquele cérebro que, com a sua teoria da relatividade, superara Newton e comandara a revolução da ciência no século XX não conseguia ultrapassar Descartes. Apesar da idade, ele insistia em nos deixar como herança uma teoria do campo unificado. Passava dias e meses debruçado sobre operações que pudessem geometrizar a física. Como não teve êxito, não pôde repetir, como Descartes, que toda a sua física não passava de geometria.

Bohr havia formulado que dois elétrons gêmeos, separados e colocados a grande distância um do outro — mesmo que um se encontre na Terra e outro na Lua —, estarão interagindo entre si. Se na Terra o físico modificar a posição de um deles, simultaneamente se altera também a posição da outra partícula que se encontra na Lua! A dificuldade de Einstein baseava-se na suposição de que Bohr inferia a existência de um sinal ou informação que passasse de uma partícula a outra, viajando a uma velocidade mais rápida que a da luz. Relutava em admitir que Bohr não estava propriamente defendendo a derrubada de sua teoria da relatividade. Nem sugerindo que houvesse algo que tirasse da luz o privilégio de ocupar a *pole-position* na corrida atômica. O que Bohr descobrira é que, de fato, as duas partículas são um todo indivisível, ainda que separadas por milhares de quilômetros. Portanto, o que o físico dinamarquês queria questionar em seu colega alemão não era a teoria da relatividade, mas a ideia cartesiana de um mundo estruturado pela associação de partes independentes.

Essa ideia pode servir para distinguir objetos que trafegam ao alcance dos olhos humanos, mas é inútil nos porões da matéria, onde as conexões instantâneas dispensam inclusive a noção convencional de transferência de informação, como a que há entre o interruptor que ligamos e a luz do quarto que se acende, ou entre a picada de injeção e a fisgada de dor processada por nosso cérebro. Na esfera quântica, duas partículas subatômicas podem interagir num determinado ponto e, em seguida, afastarem-se uma da outra milhares de anos-luz. Ainda assim, elas formam um todo indivisível. Por maior que seja a distância entre elas, só podem ser tratadas de modo holístico.

Intuição e dedução são duas palavras-chaves do método analítico criado por Descartes. Como um relojoeiro, ele propunha desmontar peça por peça, parte por parte, dos pensamentos e dos problemas, dispondo-as em sua ordem lógica. Considerava mente e corpo coisas distintas. A seu ver, não há nada no conceito de corpo que pertença à mente, e nada na ideia de mente que pertença ao corpo. E essa distinção seria válida para o Universo, uma maravilhosa máquina criada por Deus. E como todas as máquinas, poderíamos conhecer o funcionamento da natureza estudando suas leis mecânicas e como cada peça se estrutura e se articula com o movimento das demais.

Ora, com todo o respeito ao legado de Descartes à humanidade, ele foi longe demais ao exigir da ciência um conhecimento certo e evidente. Não existe verdade absoluta em ciência. Hoje, os dogmas só persistem nas religiões. A física quântica está aí para provar que todos os conceitos e teorias são limitados e aproximados. O diabo, agora, é como conseguir nos livrar desse cientificismo.

Mas não se pode negar que o método analítico proposto por ele trouxe inestimável contribuição à ciência e ao avanço tecnológico. Todo verso tem o seu reverso. Sem ele, não teríamos o computador. A limitação do método cartesiano é fragmentar o nosso modo de pensar, rompendo os elos holísticos que começavam a ser reatados por Tomás de Aquino no século XIII, quando não havia separação entre filosofia e ciência, e a natureza era estudada tendo em vista a contemplação das maravilhas da Criação divina. Agora, estamos atolados entre os estilhaços que sobraram da redução dos fenômenos às suas partes constituintes. Pretender separar mente e corpo é o mesmo que cortar uma laranja em duas e chamar de abacate uma parte e, de manga, a outra.

Aqui estamos, ingressando no século XXI, pagando grave tributo às elucubrações de Descartes, convencidos de que somos egos isolados enfiados em nossos corpos, como viola no saco. Achamos que o trabalho intelectual é superior ao manual e muitos médicos ignoram a dimensão psicológica das doenças, enquanto se impedem os psicoterapeutas de lidar com o corpo de seus pacientes. Alguns evitam até estender-lhes a mão em cumprimento. Descartes, ao insistir na concepção de matéria desprovida de vida e de espírito, deu no que deu: aí estão as companhias de mineração na Amazônia, ceifando milhares de hectares de árvores e furando o solo em busca de metais preciosos, sem o menor escrúpulo, como um professor de anatomia disseca um cadáver para mostrar os órgãos internos. A diferença é que a natureza é viva; mas há dúvidas se, a continuar assim, ela resistirá por muito tempo a tantos estupros.

A experiência humana apalpa essa teia que, nas profundezas quânticas, articula entre si todos os elementos do Universo, numa relação amorosa. Não há como separar mãe e filho, ainda que vivam a milhares de quilômetros um do outro. O amor suprime todas as distâncias e supera todas as fronteiras. Ele é a energia substancial de toda a Criação e a vocação ontológica de toda criatura.

A natureza fala. Não se fala apenas por palavras. Como dizem os índios Xavante em uma de suas narrativas, "Tu pensas que a Lua não fala? A Lua fala, o Sol também fala, todos os seres têm uma linguagem." Mesmo entre nós, seres humanos, como falamos sem palavras! A roupa, o penteado, o jeito de olhar, os gestos, os cheiros... A própria ausência fala! A natureza fala por sons, luzes, ondas, raios, densidade, massa, velocidade. Se ficamos atentos, aos poucos descobrimos o seu idioma, deciframos a sua gramática e entendemos a sua linguagem. Porém, nada fala mais fundo e forte do que o nosso silêncio interior. A dificuldade reside em saber ouvi-lo. Assim como no céu há insondáveis abismos siderais, dentro de cada um de nós há imensuráveis profundezas quânticas. Mestre Eckhart ensina que só conhece Deus quem atinge o conhecimento de si mesmo. A recíproca é verdadeira: acercar-se de Deus é aproximar-se de si. Trazemos no plexo solar um buraco negro dentro do qual tudo se transmuta, sobretudo nossa própria identidade. E cada gesto humano interage sobre toda a humanidade, assim como o movimento de um único elétron de nosso cérebro, acionado por um sentimento positivo ou negativo, atua sobre todo o equilíbrio do Universo, como a gota de chuva modifica o oceano.

7

A EXPLOSÃO PRIMORDIAL DEU NO *NEW YORK TIMES*

O Big Bang é um ícone cultural,
uma explicação científica da Criação.

George Smoot

Muito antes de a astronomia científica enxergar melhor as joias que enfeitam os parceiros da Terra no sistema solar, a tribo Dogon, da República de Mali, já havia descoberto os anéis de Saturno e as luas de Júpiter. Para os Dogon, antes da criação do Universo não havia nada, apenas o vazio total, até que nasceu a semente que explodiu e se expandiu pelos quatro pontos cardeais. Millôr Fernandes tem razão: a intuição é a ciência que não foi à escola.

A teoria do Big Bang foi esboçada pelos cálculos de Alexander Friedmann. Em 1927, o padre e cosmólogo belga George Lemaître publicou um artigo, numa revista de circulação restrita, defendendo-a. Se as galáxias continuam a se afastar umas das outras, isso significa que, no passado, estiveram mais próximas. Se considerarmos a distância dessa proximidade num tempo demasiadamente longo, então concluiremos que houve um momento em que não havia espaços vazios entre as galáxias. Todo o céu era feericamente iluminado. Portanto, antes desse tempo teria existido uma época em que não havia espaços vazios entre as estrelas, precedido por um tempo em que não havia espaço entre os átomos e entre os núcleos no interior dos átomos. Enfim, Lemaître imaginou que, "um dia", todo o Universo coube numa esfera cerca de 30 vezes maior que o Sol e que batizou de *átomo primordial*. Esse átomo teria explodido e se fragmentado em partículas elementares que formaram átomos, estrelas e galáxias, sem que houvesse explosão audível, pois não existiam ondas sonoras, e tanto o espaço quanto o tempo teriam tido início a partir daí.

Será que o inconsciente de Lemaître não o remeteu à imagem bíblica da Criação? Por ser ele sacerdote, sua teoria serviu de motivo de gracejos durante anos. Em 1927, ele tentou aproximar-se de Einstein na Quinta Conferência Solvay, em Bruxelas, a fim de defender seu ponto de vista. O cientista alemão foi rude: "Seus cálculos são corretos, mas sua visão física é abominável." É claro que Einstein, além de se sentir incomodado por uma cosmologia que negava seu Universo estático, desconfiava que Lemaître, como religioso, pretendia harmonizar a origem do Universo com a Criação bíblica. Arthur Eddington, que havia sido professor de Lemaître em Harvard, não se mostrava disposto a discutir com ele a gênese cósmica: "Parece-me que a teoria mais satisfatória seria aquela que não fosse *tão antiesteticamente abrupta*", comentou acentuando as últimas palavras e virando-lhe as costas.

Lemaître conseguiu vencer tamanhas barreiras depois que, em 1931, ele foi notícia no *New York Times*, em sua edição de 19 de maio, que publicou em manchete: "Lemaître sugere que um único grande átomo, que continha toda a energia, foi o princípio do Universo." Tornou-se uma celebridade, a ponto de Einstein reparar seu preconceito e, malgrado sua falta de convicção, admitir que a tese do jovem sacerdote era a "maior, mais bela e satisfatória interpretação de fenômenos astronômicos". Henfil tinha razão: deu no *New York Times*, sucesso garantido!

Quando um cientista chega às manchetes dos jornais, não há meio-termo: torna-se uma celebridade ou cai no ridículo. Eddington, que em 1927 se recusara a ler com atenção os manuscritos de Lemaître, cinco anos mais tarde recuperou-os, admitiu seu erro e publicou-os nas atas da Royal Astronomical Society, num gesto definitivo de aprovação da teoria do Big Bang. Hoje, o Big Bang — expressão introduzida em 1950 pelo cosmólogo inglês Fred Hoyle, que jamais a aceitou e sempre defendeu ardorosamente o Universo estático — é consenso na comunidade científica interessada em cosmologia, mas não unanimidade.

Entre as atuais hipóteses cosmológicas, a do Big Bang é a que causa maior fascínio na opinião pública, talvez por remeter-nos ao inconsciente coletivo, impregnado da noção bíblica de que tudo evolui a partir de um princípio ou passado finito — os sete dias da Criação. Haveria, pois, uma convergência galileica entre a narrativa do *Gênesis* e a cosmologia contemporânea, o que poria uma pá de cal definitiva sobre a opinião de Engels, de que a ciência diverge absolutamente da fé. Ora, não se trata de reacender a velha disputa, com a esperança de proclamar a vitória da fé sobre a razão ou da ciência sobre a religião. Como diz o provérbio popular, cada macaco no seu galho, ainda que estejamos convencidos de que são galhos distintos de uma mesma árvore, de cujos frutos não podemos prescindir.

*

Heráclito, no século V a.C., acreditava que o fogo é o elemento primordial. Se substituirmos fogo por energia, podemos admitir que ele teve uma visão profética, pois a energia é a substância fundamental, da qual são feitas todas as partículas subatômicas que, por sua vez, fazem você, eu, o computador, as páginas do livro, o tijolo e toda a cidade. Essa energia transmuta-se em movimento, calor, luz e eletricidade. Você, eu, as montanhas que encobrem o horizonte e todos os majestosos edifícios que despontam na paisagem urbana, são apenas energia condensada. Por isso, Aristóteles, ao definir a matéria primordial como *potentia,* aproximou-se mais do conceito atual do que Heráclito.

Conhecer como a energia se transforma em matéria e como se comportam as partículas subatômicas nos remete à origem do Universo. John D. Barrow, astrônomo inglês, adverte que é preciso saber como era o Universo primitivo para descobrir o comportamento das partículas elementares e é preciso conhecer essas partículas para compreender o Universo primitivo. A cobra come seu próprio rabo. O aparelho de som que temos em casa representa a evolução de uma tecnologia que depende também da pesquisa da física de partículas. Ora, em seus primórdios, o Universo se comportava como um gigantesco laboratório de física de altas energias. Assim, nossa curiosidade pelo embrião cósmico não é mero diletantismo. É uma exigência do avanço científico e tecnológico, e do supremo desafio de chegarmos a uma teoria que nos permita conjugar a história do Universo em todos os tempos verbais.

*

Como teria sido o Big Bang? A explosão silenciosa de uma bomba nuclear ou o desabrochar vigoroso de uma flor? Equações e experiências em aceleradores de partículas tecem a gramática científica que serve de base à poesia. Sem os sonhos de Einstein não haveria teoria da relatividade. Ainda que os números sejam tão discutíveis quanto as hipóteses, cientistas renomados, como Steven Weinberg, Stephen Hawking, Werner Heisenberg e George Smoot, projetam em seus escritos o filme do que teria sido a Explosão Primordial.

No princípio pairava a totalidade intemporal, a simetria absoluta, o vácuo quântico, algo ou alguém que as religiões nominam Deus, sem começo nem fim e que, num relance, decidiu criar um espelho para Si mesmo. Se luz havia, ela se escondia nos bastidores de um palco sem fundo e cujas cortinas ainda não haviam sido descerradas, num teatro que ainda não havia sido construído, numa rua cujo traçado ainda não existia, em algum ponto de um mundo que ainda não nascera.

Malgrado todos os esforços, a ciência se encontra muito distante do Ponto Zero — conhecido entre os físicos como o *limite de Planck* — quando tudo teve início na Grande Explosão. Enfim, escapa-lhe a girândola de Deus. Se ao menos fosse possível captar o momento em que os gravítons se desacoplaram de outras partículas e impregnaram de gravidade o espaço, muitas de nossas indagações encontrariam respostas. Por enquanto, somos obrigados a permanecer do lado de cá da porta, privados de contemplar o transcendente espetáculo da Criação. Para azar de Stephen Hawking, a física ainda não descartou a metafísica. Mas, por enquanto, não nos é permitido penetrar a mente de Deus.

O Início do Tempo permanece um mistério. Todavia, muitos cientistas estão convencidos de que todo o Universo teve início num mesmo ovo, a partir da evidência de que todos os átomos e fótons de qualquer planeta ou estrela se comportam do mesmo modo, e todos os quarks e elétrons existentes na Terra são idênticos, por exemplo, aos que existem no aglomerado galáctico da Cabeleira de Berenice.

Há investigadores que vislumbram, do outro lado da barreira, a estrutura do espaço enfeixada num cone gravitacional que, como a coqueteleira de um *barman,* vira o tempo do futuro para o passado, implodindo-o em miríades de instantes iguais à eternidade. "Um oceano infinito de energia que tem a aparência do nada", descreveu o físico John Wheeler, de Princeton. Mas é provável que ninguém jamais consiga transpor o limite de Planck. Podemos rebobinar o filme da história do Universo até 10^{-43} de segundo (um décimo milionésimo de trilionésimo de trilionésimo de trilionésimo de segundo), mas é impossível passar daí, porque a força de gravidade impede. Este limite que a ciência não consegue ultrapassar, embora aparentemente próximo do Início do Tempo, constitui uma barreira tão significativa como se todo um milênio o separasse do alvorecer do Universo. Desconfia-se, contudo, que o Início teria sido tão simétrico e tão simples quanto o momento em que, no jogo de varetas, a mão segura todas juntas, abrindo-se em seguida para que se espalhem pelo espaço circundante. Fundiam-se numa única força as quatro interações fundamentais ou forças naturais aceitas hoje pela física — gravitação, eletromagnetismo, força forte e força fraca.

Naquele limite ainda não havia galáxias, estrelas ou planetas. A gravidade interagia com as partículas elementares, prisioneiras das forças eletromagnética e nuclear. Reinava, em toda a Criação, a harmonia entre matéria e energia, governada por uma única força cósmica, a superforça, da qual iriam derivar todas as forças da natureza. Era o instante da singularidade, quando nada havia, nem energia, matéria, espaço ou tempo. Situada numa distância finita no passado, a singularidade, na qual a densidade da matéria era tão infinita quanto a compressão do espaço, marcava a explosiva etapa inicial, cuja velocidade de expansão era também infinita.

Espaço, tempo, matéria e energia teriam tido origem no Big Bang — o ponto de partida absoluto. Indagar o que houve *antes* é absurdo, pois a própria pergunta implica algo que não existia: o tempo. O ponto de partida alcançado pela ciência fixa-se no limite de Planck, ou seja, 10^{-43} de segundo depois da Grande Explosão — a era quântica.

O Universo mediria 10^{-33} cm (centímetro) de diâmetro (1 precedido de 33 zeros), bilhões de vezes menor que o núcleo de um átomo, à temperatura de 100 nonilhões de graus centígrados — o limite do calor. Além disso, a física se cala. Já existiriam, então, tempo e espaço. Matéria e energia eram duas faces da mesma moeda. A sopa primeva, no decorrer do primeiro milhão de anos, seria pura radiação. Ali interagiam entre si todas as espécies de partículas — inclusive aquelas que ainda escapam à imaginação dos cientistas.

O que aconteceu nos três minutos seguintes supera todos os eventos posteriores da história do Universo observável. Ao atingir a idade de 10^{-35} de segundo (1 precedido de 35 zeros), o diâmetro do Universo, do tamanho de um núcleo atômico e em estado de vácuo, teria se expandido — graças ao colossal impacto da Explosão Primordial — em surpreendente velocidade, equivalente a 1 quintilhão de vezes o seu atual ritmo de expansão. Teria havido uma espécie de antigravidade, favorecida pelas condições extremas de temperatura e densidade do bebê cósmico. Sua temperatura decrescera 1.000 quatrilhões de graus centígrados. Supõe-se que, então, a força forte — este cupido que assegura a indissolúvel união do núcleo atômico — se divorciou da força eletrofraca. Segundo alguns cientistas, a matéria experimentou sua primeira transição de fase, irrompendo em quarks — o componente fundamental dos prótons e nêutrons — e em elétrons e outras partículas subatômicas. Outras opiniões sugerem que, escuro e ardendo em calor infernal, o cosmo constituía-se, naquela etapa, de uma misteriosa "matéria" que alguns cientistas denominam de "partícula X", a mãe de todas as outras, de fato um campo de forças sem nenhum resquício de matéria — estado latente de objetivação do Espírito. O pulsar da energia cósmica. Esta era inflacionária teria durado de 10^{-35} a 10^{-32} de segundo — o mais espantoso período de crescimento do Universo. Naquela diminuta fração de segundo, ele teria se dilatado por um fator mais de 100 vezes do que o faria nos posteriores 9 ou 13 bilhões de anos, pois, desde então, o Universo engordaria "apenas" 1 bilhão de vezes.

Cessada a era inflacionária, ao atingir 10^{-31} de segundo (1 precedido de 31 zeros), os "tijolos" da matéria — quarks, elétrons, neutrinos e suas antipartículas — moviam-se como partículas livres, tecendo nos céus os fios com os quais seriam escritas as histórias da natureza e dos seres humanos. O Universo, dominado por trevas absolutas e temperaturas infernais, teria dilatado-se de modo assombroso: de um extremo ao outro, passando a medir 300 m! Seu raio de curvatura crescera e, com ele, o próprio volume de nossa morada cósmica.

Aquele período de dilatação extraordinária pode ter ampliado pequenas irregularidades que, mais tarde, se transformaram em galáxias. Contudo, há outras hipóteses, como as mudanças de estado da matéria ocorridas durante a quebra da simetria original, o que teria gerado falhas topológicas. Se congelarmos repentinamente a água, o cristal de gelo apresentará muitas falhas. Tal fenômeno teria ocorrido com o Universo, engendrando os berços das galáxias.

Nossa morada cósmica não é uma esfera harmônica. Malgrado as belas ilustrações didáticas, o que temos é um Universo que nenhum de nós daria de presente a um amigo: esburacado, irregular, excêntrico. Um jogo de cristais batido no liquidificador. Nele, porém, uma coisa engendra a outra, numa conexão perfeita. Heráclito chamava a atenção para o fato de o mortal ser imortal e o imortal ser mortal. A vida se nutre de morte que faz viver a vida que morre, a exemplo da refeição. Ali, o pão que nos alimenta é trigo que morreu para nos dar vida, assim como o ego precisa morrer para que o amor produza vida. Como assinala J. Leite Lopes, "fótons, sabemos hoje, nascem na aniquilação de pares elétron-pósitron, pares de partícula-antipartícula nascem da morte de um fóton". O difícil é entender por que essa matéria inteligente, conhecida como homens e mulheres, é capaz de compreender e descrever a arquitetura do cosmo.

*

A explosão primordial é um filme que merece ser revisto num novo cenário literário.

A menos de 10^{-30} (1 precedido de 30 zeros) depois do Big Bang, a acelerada expansão reteve o ritmo — como uma trilha musical reflui para que se possam ouvir os atores — e eões de partículas e antipartículas voláteis, quais jovens bailarinas, entraram em cena. Primeiro, os nêutrons, os neutrinos e os elétrons e, em seguida, os prótons, introduzindo três das quatro grandes damas responsáveis pela direção do espetáculo: a gravidade, a força forte e a força fraca.

Até aquele momento, todo o espetáculo da Criação era perfeitamente simétrico e, portanto, sob ameaça de ser tão breve quanto belo. O vácuo que se alargava — cortina de veludo de um teatro às escuras, abrindo-se silenciosamente para dar início ao espetáculo — continha toda a matéria e energia latentes, sem que no palco se destacasse ainda uma única atriz. Como a matéria nascente era absolutamente proporcional à antimatéria, a colisão de suas partículas resultava em mútua anulação. Pairavam no cosmo, em contínua interação, partículas subatômicas da família dos hádrons — mésons, prótons e nêutrons, compostos de partículas fundamentais, os quarks, mil vezes menores que os prótons. Mais leve, a família dos léptons se diversificava em neutrinos, elétrons e múons, formando, com os hádrons ou seus quarks constituintes, e fótons, o grupo de partículas elementares. Contudo, menos de um centésimo de bilionésimo de milésimo de segundo (10^{-11}), a força eletrofraca teria se cindido em duas forças distintas: a eletromagnética e a fraca. As primícias da matéria ganhavam identidade própria. Já não se podiam mais confundir fótons com quarks, glúons ou léptons. Definiram-se na natureza as quatro forças fundamentais — a forte, a fraca, a eletromagnética e a gravitacional —, rompendo a simetria originária e alterando a proporção entre matéria e antimatéria.

Para cada 1 bilhão de antiquarks que flutuavam no espaço cósmico, havia 1 bilhão e *um* quarks — excedente imprescindível à continuidade da evolução, como se o próprio Criador tivesse subvertido o equilíbrio de sua obra, permitindo assim o seu prolongamento no tempo e no espaço. Naquele momento de ruptura, quando a força eletrofraca cindiu-se em nuclear fraca e eletromagnética, os raros sobreviventes da guerra entre quarks e antiquarks, espelhando a natureza divina, uniram-se em trios inseparáveis, formando prótons e nêutrons, selos indeléveis de todos os futuros átomos — desde os que se fundem no coração ensolarado das estrelas aos que integram a estrutura das moléculas e das células que tecem as delicadas fibras do coração que bate no peito de cada homem e mulher. Então, o Universo completou a idade de 1 milionésimo de segundo depois do Início do Tempo.

No palco do gênesis, pósitrons, elétrons, neutrinos, antineutrinos e fótons davam a aparência de revezarem-se, impelidos pela energia pura. Se alguém se postasse nos bastidores, constataria que, de fato, eram aniquilados, cedendo a vez para novas criaturas. Criação e aniquilação encadeavam-se como as breves pausas de silêncio que nos permitem desfrutar a sequência musical. Mas, felizmente, para o resto da Criação, o Universo não se manteve perfeitamente simétrico. A simetria é bela nas obras de Portinari, na música de Villa Lobos ou na arquitetura do Aleijadinho. Não fosse assimétrico o Universo, aqui não estaríamos a lhe tecer loas. A mínima variação no valor de uma de suas propriedades fundamentais poderia resultar num Universo muito diferente do atual. Galáxias e estrelas, mares e montanhas, lábios e mãos, nada existiria se a força original não tivesse se decomposto em quatro forças. Se a força nuclear forte fosse mais fraca, o Universo seria apenas um imenso balão de hidrogênio. Se fosse um pouco mais forte, o balão cósmico seria de hélio.

Deus teria ficado só, na comunhão intratrinitária do Pai com o Filho e o Espírito Santo.

A quebra da simetria, que aos nossos olhos parece uma imperfeição, foi o que nos salvou. De certo modo somos todos — estrelas e pessoas — resultados de um acidente de percurso. Assim como Deus, por mais onipotente que seja, não pode querer o mal, é possível que, ao traçar a natureza simétrica, tenha previsto um pequeno defeito de fabricação que, deliberadamente, escapou ao Seu controle de qualidade, e pelo qual, entretanto, se abriram as portas do Jardim do Éden.

Se nos três primeiros minutos de sua história o Universo comportasse um número exatamente igual de partículas e de antipartículas, todas teriam se aniquilado quando a temperatura caiu para menos de 1 bilhão de graus centígrados. Só teria restado radiação. Nenhuma matéria, tal como hoje a conhecemos, haveria se formado. No equilíbrio térmico, o número de partículas destruídas a cada segundo equivalia ao número das que eram criadas no mesmo tempo. O ritmo em que uma dupla de partículas e antipartículas se aniquilava, gerando dois fótons, se aproximava do ritmo em que dois fótons colididos se convertiam em uma partícula e uma antipartícula correspondentes. Num oceano de energia infinita, reinava a perfeição. Contudo, por "um gesto cadente", na expressão de Bergson, a simetria foi quebrada. A prova mais cabal, antes de qualquer cálculo matemático, é o fato de aqui estarmos! Em algum momento ocorreu uma pane e o número de elétrons sobrepujou o de pósitrons, assim como os prótons superaram os antiprótons, e os neutrinos, os antineutrinos — e isso permitiu o advento das partículas primordiais de que somos feitos e das quais toda a natureza se reveste. Você, eu, a Via Láctea e todo o Universo observável somamos, a partir daquelas partículas, cerca de 10^{50} toneladas de matéria.

Depois do acidente de percurso, o Universo prosseguiu dilatando-se e resfriando-se. Átomos de hidrogênio e hélio, misturados com um pouco de deutério e raros lítios, derramavam-se pelo fosso profundo do oceano cósmico envolto em trevas. Não era como um balão soprado por um garoto, pois não havia lado de fora. Mas como se alguém, dentro desse suposto balão, olhasse em torno e visse tudo se expandindo, uniformemente, em todas as direções. Se olhos houvesse, veriam nuvens de hidrogênio acumularem-se em diferentes pontos, enroscando-se até atingirem o ponto de ebulição da matéria latente, despertando o fogo nuclear adormecido desde sempre e ateando, nos céus, o incêndio que acenderia a luz das estrelas. A fusão nuclear promoveu a alquimia cósmica, gerando cinzas de elementos pesados — sementes de planetas e, muito mais tarde, de vidas humanas. Exaurido rápido o sangue incandescente que jorrava em suas veias, explodiam em colossal desintegração. Retornavam, assim, ao berço volatilizado no qual se condensavam para, muito mais tarde, de novo se reunirem em novas estrelas cercadas de estilhaços resfriados — os futuros planetas. E todo o espaço tornava-se, ali dentro, feericamentre iluminado. A radiação da bola incandescente movia-se dos raios gama aos raios X, estendendo-se à luz ultravioleta e, através do arco-íris de cores do espectro visível, as conduzia aos bastidores do Universo, donde emanava o infravermelho. Ali fervilhava a radiação de fótons. Com o tempo, a dilatação cósmica esfriou a radiação em luz visível ordinária. E a noite inundou o espaço.

Calcula-se que, um centésimo de segundo depois da Explosão Inicial, a temperatura do Universo aproximava-se de 100 bilhões de graus centígrados — calor tão intenso a ponto de impedir a agregação das partículas que integram as moléculas e os átomos, e até mesmo a formação de núcleos atômicos. O coração da estrela mais quente não conhece tamanho calor, que jamais permitiria a existência de átomos nem estabilidade em seus núcleos. Basta lembrar que no coração do Sol a temperatura é de cerca de 15 milhões de graus centígrados. Tudo se volatilizava, exceto partículas elementares como o elétron, de carga negativa, e o pósitron, de carga positiva. A quantidade de elétrons era exatamente idêntica à de pósitrons. Hoje, os pósitrons só são encontrados livres em laboratórios de altas energias, certos tipos de radioatividade, raios cósmicos e supernovas.

Malgrado o ritmo frenético de sua expansão, o Universo ainda se encontrava próximo ao equilíbrio térmico perfeito. A sopa cósmica indiferenciada de matéria e radiação, na qual as partículas subatômicas colidiam constantemente, possuía uma densidade 4 bilhões de vezes superior à da água. E nela flutuavam prótons e nêutrons, na proporção de 1 para cada bilhão de fótons, elétrons, pósitrons ou neutrinos. Prótons e nêutrons criavam a assimetria matéria-antimatéria comprovada hoje pela estabilidade do próton. Pelo espaço, havia incontável quantidade de elétrons, os mesmos que revestem todos os átomos e todas as moléculas do Universo atual, e fluem céleres pelos fios da corrente elétrica. E também neutrinos e antineutrinos, e grande número de pósitrons que, ao contrário dos elétrons, possuem carga positiva, embora a mesma massa que eles. E tudo inundava-se da luz irradiada pelos fótons, que viajam ainda hoje pelo espaço intergaláctico sem serem dispersados ou absorvidos pela matéria transparente que compõe o estofo desse imenso ventre cósmico que nos abriga.

Mãe parideira, a energia pura gerava elétrons, pósitrons, neutrinos e fótons, que iluminavam o palco cósmico. Após breve bocejo de vida, aquelas partículas eram aniquiladas e, de novo, ressurgiam. Das partículas primordiais separaram-se os neutrinos, quais minúsculos fantasmas capazes de atravessar todo tipo de obstáculo. Desde então, vagam céleres pelo espaço, penetrando e ultrapassando a matéria mais consistente, como a luz do Sol perpassa o ar que se respira. Dez quintilhões (10^{19}) de neutrinos estarão viajando, voláteis e inócuos, através do corpo de um homem antes que ele possa terminar de pronunciar uma única palavra. E, após dizê-la, o mesmo enxame de partículas já estará mais distante do que a Lua. Quando uma mulher deitada de bruços na praia escuta os motores de um avião roçarem os ares e vira-se sinuosa para observá-lo, por um segundo, 1 bilhão de neutrinos atravessam o seu globo ocular, enquanto os fótons param na retina. Houvesse condições de captar essas invisíveis abelhas cósmicas provenientes do Sol e do berço do Universo, poder-se-ia conhecer como era exatamente o cosmo em seus primórdios.

Se a matéria expelida da Explosão Primordial expandiu-se de maneira uniforme, isso não significa que há no Universo uma densidade uniforme. Pela densidade irregular se explicaria que em determinados pontos desta metagaláxia chamada Universo tenham se formado estrelas e galáxias e, em outros, de menor densidade, vastos filamentos gasosos, interligados, que precederam os corpos sólidos. Como diria o Barão de Itararé, há qualquer coisa no ar além dos aviões de carreira. Talvez uma matéria escura, fria, ainda invisível à nossa tecnologia.

Quase todos os cosmólogos concordam que mais de 90% da massa universal originária encontram-se ocultos e influem na distribuição e no movimento das galáxias, mesmo tateando como cegos em busca dessa matéria invisível. Em que consiste essa matéria oculta? Seria algo que irradia numa frequência que não captamos? Gigantescas estrelas apagadas que, aos nossos olhos, se confundem com a obscuridade das abissais veredas cósmicas? Talvez sejam os neutrinos, ou a própria poeira cósmica, o que explicaria a grande quantidade de carbono nos corpos celestes. Por enquanto só conhecemos os seus efeitos, como a atração gravitacional que assegura a relativa estabilidade do Universo.

O mistério findaria se fosse possível provar que os neutrinos têm massa. Em 1995, cientistas do Laboratório Nacional de Los Alamos, Estados Unidos, anunciaram que um tipo de neutrino, chamado de "elétron antineutrino", tem massa cerca de 100 mil vezes menor que a de um elétron. Se isso for confirmado, os neutrinos passam a ser considerados a forma mais abundante de massa no Universo e, talvez, o principal constituinte da misteriosa "matéria escura" que predomina no cosmo. Talvez eles existam em três estados diferentes, dos quais apenas um é detectado pelos telescópios que estudam o Sol. Muitos cientistas admitem que, ao contrário da luz, eles possuem massa, de modo que a gravidade de todos os neutrinos no espaço ajudaria na limitação do cosmo e impediria a sua expansão indefinida. Mas há quem coloque em dúvida a sua existência e defenda que há no espaço interestelar abundância de partículas de carbono semelhante à grafite, contribuindo para a formação de novas estrelas.

Todas as vezes que se tenta cercar os neutrinos, eles escapam. Um cientista americano encheu uma velha mina de ouro em Dakota do Sul, de 1.490 m de profundidade, com 380 mil litros de detergente comum, feito de átomos de cloro. Os neutrinos solares são os únicos objetos vindos do espaço capazes de penetrar tal profundidade na Terra. Como era de se esperar, a maior parte dos neutrinos atravessou o detergente sem deixar sinais. Havia naquela mina cerca de 1 nonilhão de átomos de cloro. A teoria prevê que, com tantos neutrinos a atravessar o detergente, deveriam ocorrer pelo menos seis colisões por dia, transmutando os átomos de cloro em átomos de argônio radioativo. Contando o número de argônios, o cientista poderia deduzir o número de neutrinos solares que atingem a Terra. Porém, foram detectadas apenas uma ou duas colisões por dia. Algo estava errado, ou a experiência, ou a nossa compreensão do coração do Sol. Uma hipótese é a de que os neutrinos possuem massa por breves instantes. Se há um número tão elevado de neutrinos no cosmo, basta alguns deles terem massa por breves instantes, para que a massa total do Universo seja substancialmente aumentada. Se o neutrino tiver massa, então o Universo, que se encontra em expansão desde o Grande Parto, deverá um dia deter-se e passará a desabar sobre si próprio, devido à atração gravitacional dos neutrinos. Seria o *Big Crunch,* a Grande Trituração. Neste caso, teríamos, em seguida, a Grande Explosão Parte II, sucessivamente, o cosmo nascendo e morrendo...

Se o Universo era, em seus primórdios, o reino da energia, e agora predomina o reino da matéria, não estaríamos a caminho de um futuro onde tudo se transformará numa forma superior de energia, o reino da espiritualização?

Prossigamos com o nosso filme, revendo certos detalhes da culinária cósmica, cuja mistura de ingredientes iria resultar, muito mais tarde, neste prato forte conhecido na forma inteligente de homens e mulheres.

Um décimo de segundo depois da Grande Explosão, a febre cósmica teria se reduzido para 30 bilhões de graus centígrados. Ainda não haveria mudanças qualitativas. O ritmo de expansão desacelerara um pouco. As raras partículas nucleares vagueavam pelo espaço embaladas pelo sonho de se tornarem átomos completos. Devido à temperatura mais baixa, era maior a tendência de os nêutrons, mais pesados, se converterem em prótons, mais leves, do que o contrário. Com 1 segundo de idade, talvez o Universo já atingisse 60% do seu tamanho atual. Essa dilatação reduzira o calor. Aos poucos, o imenso oceano de quarks e outras partículas elementares tornou-se menos denso, resfriando-se. Partículas de matéria e de energia passaram a interagir em equilíbrio térmico, assim como pesados instrumentos de madeira e metal produzem a mais leve e suave música. A temperatura teria caído para 10 bilhões de graus centígrados, e para apenas 3 bilhões ao fim de 14 segundos. Elétrons e pósitrons passaram a aniquilar-se mais rapidamente do que podiam ser recriados a partir de fótons e neutrinos, reduzindo a velocidade com que decrescia a temperatura.

Nos primeiros 10 segundos teria havido uma brutal queda térmica. As radiações eletromagnéticas — sobretudo os raios gama — teriam perdido a primitiva energia. Aliás, as radiações são 10 milhões de vezes mais abundantes do que a matéria, pois a massa do cosmo se tece principalmente de radiações, conforme $E=mc^2$. Porém, o deutério conseguira subsistir. Até que a evolução atingisse os 40 segundos desde seu início, não existiriam ainda núcleos atômicos estáveis, pois a energia reinante superaria a força de enlace das partículas do átomo. Se um núcleo se formasse, logo se desfazia, como anéis de espuma na superfície do mar. Todo o Universo era o caldeirão de uma sopa ionizada, na qual não se podia distinguir matéria e radiação. Ao cabo de 1 minuto, a temperatura teria caído o suficiente para permitir que prótons e nêutrons se unissem ao chocarem-se entre si, formando núcleos de hidrogênio e hélio — a matéria-prima das estrelas. Ao atingir 1 minuto e 9 segundos após o Início de Tudo, neutrinos e antineutrinos teriam se emancipado do equilíbrio térmico que os prendia aos elétrons, pósitrons e fótons, passando a comportar-se como partículas livres. O ritmo de expansão do Universo teria aumentado 2 segundos. Elétrons e pósitrons aniquilavam-se mais depressa do que eram recriados pela radiação. De qualquer modo, a temperatura era propícia àformação de núcleos atômicos estáveis, mas a velocidade com que o Universo se expandia imprimia neles a dinâmica do provisório.

Tudo era muito rápido e fugaz como tentar abrir o guarda-chuva no meio de um ciclone. Se um próton e um nêutron uniam-se para formar um núcleo de hidrogênio pesado — o deutério —, este podia colidir em seguida com um próton e formar um núcleo do isótopo leve do hélio, o hélio-3, composto de dois prótons e um nêutron, ou bater num nêutron e constituírem o trício, o isótopo mais pesado do hidrogênio, composto de um próton e dois nêutrons. Isótopos são átomos quimicamente iguais, ou seja, com igual número de prótons, mas com massas atômicas diferentes, pois um deles tem mais nêutrons que o outro. Por sua vez, o hélio podia chocar-se com um nêutron e o trício com um próton, gerando, nas duas hipóteses, um núcleo de hélio, integrado por dois prótons e dois nêutrons. Nesse trânsito anárquico, a matéria começava a ganhar consistência num Universo essencialmente opaco.

Aos três minutos, o Universo — arco iluminado de neutrinos e antineutrinos — conteria ainda poucos núcleos atômicos, constituídos por cerca de 73% de hidrogênio e 27% de hélio, e uns tantos elétrons salvos da era em que elétrons e pósitrons se aniquilavam mutuamente. Esgotados todos os nêutrons disponíveis, os prótons que não se combinaram em núcleos de hélio foram destinados a formar núcleos de hidrogênio. Dispersada pelo espaço, que se alargava graças à expansão, essa matéria tornava-se cada vez mais fria e menos densa. No calor de 1 bilhão de graus centígrados — apenas 70 vezes mais quente que o coração do Sol —, o Universo, febril de radiações, teria comemorado seus três minutos e dois segundos de existência, numa festa da qual estavam excluídos as antipartículas, praticamente desaparecidas, mas repleta de fótons, neutrinos e antineutrinos. Persistiriam núcleos de hélio e de trício, mas os de deutério não se conservavam suficientemente unidos para propiciar a geração de núcleos mais pesados. Seriam agora raras as colisões entre nêutrons e prótons com elétrons, neutrinos e suas antipartículas.

Após os três primeiros minutos, o Universo teria ingressado na era radioativa, marcada pelo fenômeno da nucleossíntese cosmológica. Nossa morada cósmica resfriara-se o bastante para liberar a força de atração que propiciou as bodas entre prótons, elétrons e nêutrons, gestando os elementos primordiais. O enlace de um próton e um nêutron gerou um núcleo de deutério, assim como dois deutérios engendraram um de hélio. Nos poucos minutos dessas núpcias atômicas, o Universo expandiu-se tanto que os núcleos, antes unidos pelo calor emanado do Big Bang, divorciaram-se para sempre. Então, 25% da massa do Universo eram constituídos de hélio e apenas 0,01% de deutério. Havia também uma quantidade mínima de lítio. O resto era hidrogênio. Jamais estaríamos aqui a contemplar a maravilha da Criação se a nucleossíntese — o calor capaz de forjar diferentes qualidades de átomos — não tivesse prosseguido de modo diferente. Esgotada a "tecnologia" do Big Bang, os demais elementos da natureza — do lítio ao urânio — foram, muito mais tarde, fabricados, de forma progressiva ou explosiva, no seio das estrelas.

Quando se completaram 3 minutos e 20 segundos após o Início do Tempo, o Universo já teria se resfriado na proporção inversa ao seu volume, o bastante para permitir que, nos próximos 1 minuto e 40 segundos, famílias de partículas subatômicas se agregassem no interior dos átomos, dando consistência e estabilidade aos fundamentos da natureza. Os quarks já se teriam combinado para formar prótons e nêutrons que, numa atração apaixonada, se uniram, como se nas profundezas siderais o amor irrompesse pela primeira vez. Formaram núcleos de hidrogênio que, por sua vez, integraram-se em núcleos de hélios, assegurando à emergente natureza os primeiros passos de sua história. A febre da Criação começava a ceder.

Trinta e quatro minutos após a Grande Explosão, a temperatura seria de 300 milhões de graus centígrados. Partículas e antipartículas já se exterminavam mutuamente, exceto um pequeno contingente de elétrons — 1 em cada bilhão — que sobreviveu para equilibrar a carga dos prótons. A maioria das partículas nucleares encontrava-se, agora, integrada aos núcleos de hélio ou eram prótons livres, ou seja, núcleos de hidrogênio. O Universo ainda era demasiadamente quente para que se formassem átomos estáveis, pois quando um próton, de carga positiva, ou um núcleo de hélio-4 adquiria um elétron, de carga negativa, o elétron era imediatamente libertado da atração por um fóton energético. Dois segundos depois, quando a energia primordial teria se congelado em partículas, e essas se deixado seduzir pela irresistível força do magnetismo, todo o Universo tecer-se-ia, então, na proporção de 80 núcleos de hidrogênio para 20 de hélio. Um minuto depois, o volume do Universo estaria tão dilatado que os núcleos já não podiam se encontrar. Predominariam os prótons, um pouco menos de hélio e de deutério, e vestígios de lítio. Segundo a fina ironia francesa de Henri Laborit, era a natureza já se preparando para a terapêutica dos maníacos-depressivos.

Quando a primeira hora soou no relógio atômico da natureza, todos os processos nucleares teriam cessado. A temperatura, caído para 170 milhões de graus centígrados. Todos os nêutrons teriam sido forjados na primeira meia hora. Resfriado o forno cósmico, já não se podiam mais cozinhar certas partículas. E antes que se completasse um mês, a temperatura do bebê cósmico teria se reduzido para cerca de 10 mil graus centígrados, permanecendo ainda mais quente do que a superfície ardente do Sol. Todavia, esse resfriamento favorecera a maior consistência da matéria. Durante esse período, a radiação residual de corpo negro teve suficiente energia para impedir que os elétrons e os prótons se unissem. Cada vez que um elétron entrava em órbita em volta de um próton, era expulso por um fóton. O Universo era uma sopa opaca de partículas e fótons, formando uma rede numa interação de elevada energia.

*

O filme permite-nos supor ainda que, ao atingir a idade de 300 mil anos, o Universo se encontrava bastante frio — a temperatura teria caído para cerca de 4.000°C. Antes, o gás primordial, constituído sobretudo de hidrogênio, era um plasma ionizado, opaco à radiação eletromagnética. Agora, resfriada a temperatura, o plasma transformara-se em hidrogênio normal, transparente, e a radiação pôde propagar-se livremente através dele. Porém, os fótons não tinham suficiente energia para separar os elétrons dos núcleos de hidrogênio e hélio, o que permitiu a formação de átomos desses dois elementos leves. Teriam ocorrido, então, duas coisas: prótons e elétrons começaram a associar-se e se mantiveram estáveis, como núcleos de hidrogênio; e os fótons passaram a fluir livremente. Com essa ruptura entre a radiação e a matéria, o Universo se fez transparente e afluiu em todas as direções, circulando através do tempo na forma de radiação cósmica de fundo, que seria captada por ouvidos humanos, pela primeira vez, em 1964.

Onde andava a radiação captada em 1964? Essa radiação de 2,7°K, que encontramos difusa como relíquia do Universo primitivo e que se propaga livre há, talvez, a quase 14 bilhões de anos, de fato esteve prisioneira nos primeiros 300 mil anos. Desde então, na longa viagem que fez até nós, resfriou-se lentamente, até atingir a temperatura acima. Trata-se de um "fóssil" sideral, o eco do Big Bang. Por sua vez, a matéria passou a prevalecer sobre a radiação e, através da gravitação, a controlar o ritmo de expansão do Universo.

Se toda a matéria estivesse distribuída de maneira uniforme, a estrutura do espaço teria sido plana e as interações entre os fótons e as partículas, homogêneas. A recente descoberta de ondulações na estrutura do Universo demonstra que a matéria não se encontra distribuída uniformemente. Em algumas regiões, a alta concentração de matéria exerce uma atração gravitacional maior, curvando o espaço; em áreas menos densas, a curvatura é menos acentuada, tornando o espaço ondulado. A radiação emitida pelas áreas mais densas é mais fria; porém, quanto menos densa, mais quente.

Nesse enorme ventre cósmico que gera e abriga galáxias e gente há dois tipos de matéria, a visível e a escura, e ainda não sabemos se elas diferem em outros aspectos. A matéria escura, afetada pela radiação e pela gravidade, pode ter começado a formar estruturas muito antes da matéria visível, que é golpeada pelo fluxo energético de fótons. Aos 300 mil anos, a separação entre matéria e radiação liberou uma matéria ordinária visível, que seria atraída pelas estruturas formadas pela matéria escura. À medida que a matéria visível se agregava, qual "caroços" num mingau de fubá, as estrelas e as galáxias tomavam forma, dando à feição do Universo uma estrutura esponjosa.

As estrelas são feitas de hidrogênio e hélio, gases forjados no Universo primitivo, antes que aparecesse o primeiro astro. Daqueles combustíveis mais genuínos elas obtêm energia para formar elementos químicos mais pesados. Entretanto, 3 bilhões de anos após o Big Bang, envolto em gases e regurgitando em radiações, o Universo ainda se encontrava na infância. Pelos espaços infinitos boiava uma sopa escura de hidrogênio e hélio, temperada com o salpicar fumarento de umas poucas estrelas, indício da lenta germinação das galáxias. Atraído pela força de gravidade, esse gás circundante enrolava-se em aglomerados que, condensados, serviriam, nas fronteiras do Universo ora observável, de berço às estrelas e galáxias, dando origem aos quasares que, como diz o nome, são objetos quase estelares. Portanto, só 3 bilhões de anos após o Big Bang é que as galáxias teriam começado a se formar.

O Universo assemelhava-se a um imenso aquário de fótons. Como uma sinfonia de Tchaikovsky, de suas fronteiras emergia a radiação cósmica de fundo, produzida pela energia que se separara da matéria. Crianças repreendidas por estenderem o recreio além do horário, os fótons deixaram de correr atrás dos elétrons, permitindo que estes, livres, entrassem em órbita em torno dos núcleos, formando átomos estáveis de hidrogênio e de hélio. Atraída pela gravitação, a matéria começou a congelar-se, prenunciando a formação de estrelas e galáxias. Desde então, os fótons percorrem as enormes distâncias da gincana sideral, viajando através do gás cósmico rarefeito que se espalha por toda parte, sem colidirem com partículas de matéria. No horizonte, uma grande golfada de luz despontava qual forte traço vermelho numa tela de Manabu Mabe.

Dentro de bilhões de anos, bípedes inteligentes, localizados num pequeno planeta da periferia da Via Láctea, iriam detectar aquela paisagem com seus radiotelescópios, descobrindo o jardim luminoso das jovens galáxias — os quasares, as mais poderosas fontes de luz do Universo. Descobertos em 1963, os quasares produzem imensa quantidade de radiação a partir de uma fonte relativamente compacta e pequena. Seu brilho, que pode ter a luz de 100 trilhões de sóis, resplandece através da maior parte da face conhecida de nossa morada cósmica.

Quando o Universo comemorava 2 bilhões de anos de idade, uma estranha matéria, ainda hoje escura ou invisível aos nossos olhos, teria começado a agregar grandes quantidades de partículas para formar os corpos celestes. E se supõe que o fez numa velocidade tão grande que a sopa primeva transformou-se num mingau encaroçado, com estruturas mais densas, que deram origem às protogaláxias. Ao completar 3 bilhões de anos, teve início a era estelar, que se estende à época atual. E cerca de 5 bilhões de anos após o Início do Tempo, no rubro colo da jovem galáxia da Via Láctea, um colar de brilhantes irradiava intensa luz branca-azulada. Seu belo perfil espiral, corpo de menina-moça, começou a ganhar contornos definidos. O brilho fulgurante e quente de estrelas da primeira geração coroou-a com um halo esférico. À sua volta, dançavam em roda inúmeras outras jovens galáxias, reverenciando a rainha Virgem. Graças à contração do Universo que, tímido, parecia não se sentir ainda muito à vontade naquele imenso espaço que, potencialmente, se abria à sua volta, as jovens galáxias podiam sussurrar uma ao ouvido da outra, antes que o tempo inclemente viesse separá-las por dezenas de milhões de anos-luz. Enquanto isso, intensa radioatividade eletrizava todos os contornos da natureza, projetando lanças de fogo. Se por acaso algum replicante viveu naquele período de feérica agitação, com certeza sua taxa de mutação teria sido tão elevada quanto efêmera deve ter sido a sua existência.

Nesse filme, muitas perguntas permanecem sem respostas. Por que teria havido a Grande Explosão? Por que o Universo, em seus primórdios, era tão uniforme e sua taxa de expansão tão semelhante em todas as direções e regiões do espaço? De que é constituída a maior parte do Universo, já que as estrelas representam uma pequena porção? Espera-se que algumas dessas questões sejam esclarecidas pelo supertelescópio *Hubble* e pelos novos recursos no âmbito da microfísica, como os superaceleradores de partículas, que poderiam recriar certas condições do Big Bang. Então, ficaremos sabendo um pouco mais a respeito das raízes de nossa universal e holística árvore genealógica.

Pelo calendário cósmico, que condensa em 1 ano a evolução do Universo, o dia 1º de janeiro assinalaria o Big Bang; 1º de maio, o despertar da Via Láctea; 9 de setembro, a irrupção do sistema solar; 14 de setembro, a formação da Terra; e 25 de setembro, o aparecimento da vida.

8

SOMOS TODOS FEITOS, LITERALMENTE, DO PÓ DE ESTRELAS

As estrelas são joias
que a natureza dispôs no céu
para deleite de nossos olhos.

Aristóteles

As forças nuclear fraca e nuclear forte, a eletromagnética e a gravitacional ora se apresentam como força material, ora como partícula ou quantum. Quando contemplamos estrelas no céu noturno, fótons de luz estelar projetam elétrons nos átomos da retina de nossos olhos, provocando interações que transmitem a imagem ao cérebro. Tudo graças ao eletromagnetismo. A luz que chega aos nossos olhos resulta das forças nucleares forte e fraca, que operam dentro das estrelas. A gravitação segura a estrela lá "em cima" e nós aqui "embaixo". A força nuclear fraca é responsável pela radioatividade. A nuclear forte, pela ligação de prótons e nêutrons no interior dos núcleos dos átomos. E também junta as partículas elementares, os quarks, para formar cada núcleon. O eletromagnetismo reúne ainda átomos em moléculas, estruturando a matéria.

É o movimento das partículas com carga elétrica que produz luz e outras formas de radiação eletromagnética, inclusive radiação de onda longa, conhecida como onda de rádio, e radiação de onda curta, os raios X e gama. Contudo, é a gravitação o cupido — responsável pela atração universal de toda matéria entre si. Ela sustenta os planetas e as estrelas, e conserva os planetas em suas órbitas em torno das estrelas, e as estrelas em suas órbitas nas galáxias.

O que faz com que essas forças sejam tão diferentes é a natureza dos bósons que as transmitem. Há duas categorias de partículas, as de spin fracionário, semi-inteiro — chamadas *férmions,* em homenagem ao físico italiano Enrico Fermi — e as de spin inteiro, os *bósons,* em honra ao físico e biólogo indiano Jagadis Chandra Bose. Spin é a quantidade de movimento angular ou rotação intrínseca às partículas. Os férmions são a própria matéria, incluindo prótons, nêutrons e elétrons. Os bósons são as partículas que transmitem força: fóton, o condutor de eletromagnetismo; glúon, emissor da força nuclear forte, que "cola" os quarks; bósons vetoriais intermediários, responsáveis pela força nuclear fraca; e o gravíton, ainda não descoberto, mas que se supõe ser o mensageiro da força gravitacional.

Enquanto dois férmions não podem ocupar o mesmo lugar orbital ou estado quântico ao mesmo tempo, os bósons não se encaixam no princípio da exclusão — várias forças diferentes podem operar no mesmo nível, ao mesmo tempo. Como observa o físico Luis Carlos de Menezes, dois férmions não podem ocupar o mesmo "lugar quântico" ao mesmo tempo, porém vários bósons diferentes podem estar no mesmo "lugar" ao mesmo tempo. O "lugar" é o conjunto dos números quânticos. O princípio da exclusão de Pauli reza que dois férmions, de um mesmo sistema, não podem ter todos os seus números quânticos iguais, pelo menos um deve ser distinto. O oposto se dá com os bósons. O raio laser, por exemplo, é um "caudal" de bósons, no caso, fótons coerentes.

Os átomos dos livros, dos armários, das paredes e dos equipamentos de uma sala são simultaneamente submetidos à atração elétrica entre prótons e elétrons, e à força gravitacional da Terra. A gravitação e o eletromagnetismo têm alcance infinito, pois os bósons que transportam essas duas forças — os gravítons e os fótons têm massa zero. Por isso nossa galáxia é incapaz de resistir à atração gravitacional do aglomerado de Virgem que, a 17 milhões de anos-luz da Terra, congrega mais de 500 galáxias.

A força nuclear forte possui, como portadores, bósons conhecidos como glúons, que não têm massa, mas são partículas que aumentam a sua força quando os quarks que as compõem se separam. Prótons e nêutrons são constituídos, cada um, de trios de quarks. Quando um quark tenta se separar de seus dois companheiros, logo é jogado de volta à casa por uma rede de glúons. Por isso, os quarks permanecem presos dentro de seus prótons e nêutrons, onde se agitam à surpreendente velocidade de quase 300 mil km/s — rapidez próxima à da luz. Na teoria da relatividade, Einstein explica que, nesse ritmo, espaço e tempo se mesclam, bem como matéria e energia. Nunca se encontrou um quark livre. Dentro do núcleo do átomo eles se chocam, transformando-se em energia, assim como essa energia transforma-se em partícula. Em repouso, uma partícula possui a energia de sua massa. E, durante uma irradiação eletromagnética, a massa pode ser criada a partir da energia. Nessa alternância matéria-energia, energia-matéria, quarks e antiquarks colidem, desaparecem e ressurgem, graças ao curioso fato de que há sempre quarks a mais do que antiquarks.

O físico Murray Gell-Mann tirou o nome da partícula mais fundamental que se conhece do esdrúxulo romance *Finnegans Wake,* de James Joyce: "Three quarks for Muster Mar!" A ciência ainda discute se os quarks seriam formados de subpartículas. Gell-Mann acredita que não. Eles seriam o limite do mundo físico, onde se desvanece a fronteira entre matéria e energia. O curioso é que há também, em cada ser humano, um ponto de interpenetração em que a realidade física e a dimensão espiritual encontram a sua unidade. Afinal, somos uma montanha de células feitas de moléculas feitas de átomos feitos de prótons e nêutrons feitos de quarks. Mas, em nós, a energia radial, como diria Teilhard, faz com que o espírito que perpassa essa montanha irrompa na consciência que almeja a transcendência.

*

Sobre a mesa, o computador, a caneta, papéis, o abajur — tudo, uma incontável associação de átomos. Eões de *trios los quarks* formam prótons e nêutrons que integram o núcleo de cada átomo contido na mesa e nos objetos que repousam sobre ela.

A teoria do Big Bang resolve um dos maiores enigmas da cosmologia e da química — a origem dos 92 elementos químicos encontrados na natureza, como hidrogênio, hélio, carbono, oxigênio, ferro etc. Três unidades — próton, nêutron e elétron —, reunidas desta ou daquela forma, fazem tudo: do sorvete de creme à nave espacial, das mãos que se entrelaçam aos neurônios do cérebro que captam as vibrações do coração. Dos 109 elementos químicos conhecidos, a natureza só nos brindou com os 92 tipos de átomos classificados pelo químico russo Mendeleïev.

Como observa o físico brasileiro José Leite Lopes, "inventados há mais de dois mil anos, postos de lado pelos inúmeros sistemas filosóficos que se desenvolveram desde a Grécia antiga, ressuscitados pela química no século XVII, os átomos tiveram sua existência comprovada pelos físicos neste século". Eles se distinguem apenas pelo número de prótons contidos em cada núcleo. O átomo de hidrogênio, o nº 1, contém apenas um próton e um elétron. O de urânio possui 92. O número de nêutrons é sempre igual ou superior ao de prótons, nunca inferior. Quando é superior, o átomo é chamado de isótopo. A temperatura ambiente, alguns átomos são sólidos, outros gasosos e dois são líquidos, o bromo e o mercúrio. Numerados segundo sua complexidade, o mais simples e comum em todo o Universo é o de hidrogênio. E o mais complexo, o de urânio, qualificado de elemento 92. Atualmente pode-se criar em laboratório mais 17 elementos, todos mais pesados que o urânio e com números atômicos que vão de 93 a 109.

Tudo em nosso mundo é formado por moléculas que combinam esses átomos. A água é formada de átomos de oxigênio e de hidrogênio. O ar que respiramos compõe-se sobretudo de átomos de nitrogênio, oxigênio, carbono, hidrogênio e argônio. A terra que nos fornece os alimentos é uma mistura de átomos, principalmente silício, oxigênio, alumínio, magnésio e ferro. Tudo que nos cerca — pedras, plantas e animais — é constituído por elementos mais pesados do que o hidrogênio e o hélio. No entanto, o Universo é dominado por esses dois elementos. O hidrogênio representa cerca de 75% de toda a matéria existente na natureza; o hélio, quase 25%. E todos os demais elementos, apenas 1%. Ora, se a fusão nuclear explica o calor do Sol, na medida em que ela converte dois núcleos de hidrogênio (com um próton cada) em um núcleo de hélio (com dois prótons), não estaria na fusão a origem dos demais elementos? Hoje está comprovado que a transmutação dos elementos químicos se dá no calor das estrelas. Ali reside a alquimia.

Um átomo típico é revestido por uma nuvem de elétrons que, como sugere o nome, são eletricamente carregados. A ciência chama esta carga elétrica de negativa. Os elétrons determinam as propriedades químicas do átomo — o brilho do ouro, a superfície fria do ferro, a estrutura cristalina do diamante de carbono. Em repouso, um elétron pesa apenas 10^{-27} de grama (1 precedido de 27 zeros). Além da nuvem de elétrons, há um núcleo dentro do átomo, em geral contendo prótons carregados com eletricidade positiva, e nêutrons que, como sugere o nome, são eletricamente neutros. Os átomos são tão pequenos que 100 bilhões deles formariam, lado a lado, uma fila do tamanho de um dedo mindinho do pé. Mas o núcleo é 100 mil vezes menor, e contém a maior parte da massa do átomo.

Para se ter ideia do tamanho de um átomo, basta dizer que o próton, formado de quarks, é 10 vezes menor que o núcleo do átomo que, por sua vez, é 100 mil vezes menor que o corpo do átomo, que mede o que se puder obter depois de dividir 1 milímetro em 10 milhões de partes. Para se obter a medida de um quark, basta dividir 1 centímetro por 10 quatrilhões. Segundo o cientista francês Igor Bogdanov, "o mais surpreendente é que, hoje, a maioria dos físicos aceita a ideia de que os quarks serão para sempre inapreensíveis: permaneceriam irreversivelmente confinados 'do outro lado' da realidade observável".

As estrelas são formadas basicamente de hidrogênio. Em laboratórios dotados de sofisticados equipamentos, os cientistas descobriram que os nêutrons em estado "livre", não ligados a um núcleo atômico, em poucos minutos se desintegram para dar origem a um próton, um elétron e um neutrino. O físico George Gamow sugeriu que no começo do Universo haveria uma substância, que ele denominou *ylem* — a palavra grega para "matéria primordial" —, um gás de nêutrons com a temperatura de 10 bilhões de graus centígrados. Como inúmeros nêutrons eram "livres", começaram a desintegrar-se em prótons, elétrons e neutrinos, gerando uma sopa cósmica em ebulição de prótons e nêutrons. Devido ao intenso calor, prótons e nêutrons passaram a fundir-se em elementos cada vez mais pesados. Alguns elementos, com o mesmo número de prótons, tinham diferentes números de nêutrons — os isótopos.

Segundo Gamow, todos os elementos químicos do Universo assim se formaram durante os primeiros 20 minutos após o Big Bang. Como os nêutrons livres se convertiam continuamente em prótons, em pouco tempo o número de prótons era maior que o de nêutrons, o que explica que uma enorme quantidade de prótons não esteja associada a nêutrons, subsistindo apenas como prótons — os núcleos de hidrogênio, a matéria-prima das estrelas, cozinhada na fornalha ardente do Big Bang.

Os núcleos dos átomos das páginas deste livro também foram cozidos no calor das estrelas. Em 1927, quando Arthur Eddington definiu as estrelas como forno da natureza, os críticos reagiram alegando que elas não eram suficientemente quentes. Ao que ele respondeu: "Procurem, então, um lugar mais quente." Logo, um lugar mais quente foi efetivamente encontrado: o "átomo primitivo" de Lemaître. Assim como na padaria da esquina pães, bolos, tortas e biscoitos são feitos da mesma matéria, a farinha de trigo, também no Universo tudo tem por base o hidrogênio. No forno estelar, o cozimento do hidrogênio em diferentes pontos produz qualidades distintas de átomos.

A fusão incessante e crescente no coração da estrela fabrica elementos químicos mais pesados que o hidrogênio. Se átomos são tijolos da matéria, como queriam os gregos, estrelas são olarias. Em seu ventre transmutam-se os elementos químicos, sobretudo os metálicos. A 100 milhões de graus centígrados o hélio transforma-se em carbono e, em temperaturas mais elevadas, o carbono em neônio, o neônio em oxigênio, o oxigênio em silício etc. Como diria Marilyn Monroe, quanto mais quente melhor. A 500 milhões de graus centígrados surgem os elementos pesados: cromo, manganês, ferro e níquel, e assim sucessivamente, até o átomo de urânio, que coroa a cadeia atômica. Como nem todos os elementos são consumíveis como fontes de energia, uma vez expelidos tecem, ao redor do astro, uma coroa brilhante que, com o tempo, parte-se em pequenos pedaços, sem suficiente calor para gerar luz própria — os planetas. Todos eles, gravitando em torno de estrelas, iniciaram assim sua aventura sideral e, ainda, misteriosa. Inclusive este nosso planeta, onde átomos pesados, agregados em moléculas, produziram a célula e inauguraram os reinos vegetal e animal, dos quais despontaram seres pensantes que insistem em indagar o sentido de tudo isso.

Toda a matéria contida no Universo deriva das mesmas partículas elementares, assim como quase todas as casas e prédios de uma cidade são feitos de tijolos de barro. Da espessa densidade estelar à volátil vibração dos gases, do suave tecido das folhas de uma planta à rígida pele de um elefante, a matéria apenas varia de forma e consistência. Mas toda ela é composta pelas mesmas partículas elementares — prótons, nêutrons e elétrons — constituídas de quarks e neutrinos. São estes os tijolos do Universo, com os quais cada coisa é construída, da espuma branca que oscila sobre o leito oceânico aos delicados nervos ópticos que permitem que vejamos um ao outro.

Assim como indivíduos formam famílias vizinhas num bairro, parte de todo um conjunto chamado município, um entre os tantos que constituem o estado integrado numa nação — todos os sistemas do Universo se compõem de estruturas de diferentes níveis, nas quais cada parte se encontra inelutavelmente associada ao todo e o todo resulta da complexa agregação das partes. Não há nada isolado, capaz de sobreviver por si mesmo. O Todo está em Um e o Um no Todo. A natureza é essencialmente comunitária e solidária. As moléculas fundem-se em abraços para formar as organelas que, integradas, constroem as células, e estas engendram tecidos e órgãos do corpo humano, estruturando-se em sistemas mais complexos, como o nosso aparelho digestivo, que agora digere o alimento ingerido na última refeição, e o nosso cérebro, que faz associações eletroquímicas entre bilhões de neurônios para que possamos captar a sinfonia universal.

A fivela dos nossos cintos e o aço dos carros são pedaços de estrelas. O brilho das estrelas resulta da comunhão atômica entre átomos de hidrogênio e átomos de hélio. Nessa combustão, elas liberam energia e, por isso, brilham. Mas aquele forno cósmico não produz somente luz. Produz também átomos mais pesados, como carbono, oxigênio, néon, sódio, magnésio, silício, níquel, cobalto e ferro. Tinham razão os sumérios ao chamar o ferro de *metal do céu*. Quando se esgota a energia de uma estrela gigante, seu último suspiro é um espetáculo pirotécnico, uma imensa explosão que projeta bolhas de gás pelo espaço. Essas bolhas se misturam com nuvens interestelares e, por vezes, congelam-se. O Sol e seus planetas resultaram de gases congelados numa dessas nuvens. A nossa querida Terra não passa de um minúsculo fragmento resfriado de uma estrela que, como uma rosa florescida na ventania, espalhou pétalas por toda parte. Todo o ferro que encontramos no solo de Minas Gerais é resto de antigos sóis. E cada um de nós é um filho do Sol.

Uma pequena colher de sobremesa é feita de metal sólido, resistente, polido. Nela, as partículas do mundo subatômico estão confinadas, presas às estruturas molecular, atômica e nuclear. Porém, lá dentro, prisioneiras impregnadas de alucinógenos, impelidas pelo ritmo desvairado de tambores negros, movimentam-se numa dança louca sem jamais conhecerem o repouso. Das milhares partículas, apenas quatro são estáveis: o próton, o elétron, o fóton e o nêutron. Assim como ouvidos humanos não captam o som agudo de apitos de chamar cães, ou os gritos em ultrassom dos morcegos — os tímpanos não resistiriam a tamanho barulho —, do mesmo modo os sentidos humanos não captam o frenesi da matéria.

Olhamos a colher, um pedaço de pedra ou de madeira, como se fosse matéria morta, inerte. Se puséssemos a colher sob um microscópio eletrônico teríamos a visão de algo semelhante à Chicago dos anos 1930: detrás de uma solene e pacata agência funerária abrigava-se um cabaré em intensa atividade. Lá estão os átomos-gângsteres cumpliciados numa extensa rede de gangues-moleculares, que reagem de acordo com as circunstâncias locais. Dentro dos átomos vibrantes, os elétrons ligam-se aos núcleos por forças elétricas que procuram mantê-los próximos uns dos outros, e eles respondem ao confinamento como bandidos obrigados a ficar no esconderijo, em tremenda agitação. Dentro dos núcleos, prótons e nêutrons, comprimidos por poderosas forças nucleares, correm de um lado ao outro em velocidades inimagináveis.

Uma faca também é feita de pó de estrelas. O metal é parte de uma rocha que continha um bloco de ferro existente há bilhões de anos. No Universo, não há nenhum elemento mais estável que o ferro. Antes que o Sol despertasse e a Terra se formasse, os átomos de ferro, que constituem o metal da faca, flutuavam numa nuvem incandescente, hálito quente de uma estrela ou de um sol agonizante que explodiu há cerca de 10 ou 12 bilhões de anos.

Naquela época, todo o Universo era céu banhado de nuvens de hidrogênio, que se condensavam em cálidos abraços, despertando o fogo que transmutava as nuvens em estrelas. Nesse gás interestelar havia, como ainda hoje, zinco, chumbo, estanho, arsênio e outros metais, a matéria-prima de novas estrelas. Cada uma delas era um imenso forno, no qual se forjaram os núcleos dos átomos de ferro e de tantos outros átomos. Como tudo, um dia a estrela que continha os átomos de ferro da faca atingiu seu estertor, explodiu e atirou seus resíduos pelo espaço cósmico. Um pedaço resfriou e transformou-se em material planetário — a rocha da qual foi retirado o bloco de ferro que, trabalhado numa siderúrgica, forneceu o aço que, agora, em forma de faca, está ao alcance de nossa mão. De modo que uma simples lâmina de cortar pão resume toda a história do Universo. E o pão, semente de paz, permite perpetuar a espécie que lhe dá sentido. Espécie que almeja pão, paz e prazer.

Os vegetais, como o mamão, contêm igualmente o frenesi de moléculas. Um átomo de carbono, combinado com dois de oxigênio, resulta numa molécula de gás carbônico — a mais importante substância do planeta, à qual deveria ser concedido o prêmio Nobel de Química. As plantas o absorvem e dissociam seus elementos, como agora o nosso estômago transforma alimentos em moléculas nutrientes. Moléculas de gás carbônico são o tijolo fundamental na construção de todos os seres vivos, dos corais às girafas, de Homero a Charles Chaplin. Há tão íntima relação entre carbono e vida que a química se divide entre orgânica e inorgânica, sendo que a primeira trata exclusivamente das moléculas que contêm carbono. Para cada molécula de gás carbônico absorvida, as plantas liberam dois átomos de oxigênio, lançando-os na atmosfera. Todos os animais inspiram oxigênio, produzindo a combustão interna que fornece energia a seus mecanismos metabólicos. E expiram gás carbônico, de novo captado e assimilado pelas plantas, em total simbiose. Além das plantas, carbono e oxigênio são também reciclados pela terra, pelo mar e pelo ar.

Assim como a associação de diferentes tipos de átomos produz diferentes tipos de moléculas, é possível percorrer o caminho inverso. Um cubo de gelo se derrete em água que, aquecida, vira vapor — gás composto de moléculas contendo, cada uma, dois átomos de hidrogênio e um de oxigênio (H_2O). Atravessada por um raio, uma dessas moléculas pode se separar em átomos individuais de oxigênio e de hidrogênio. Aumentada a temperatura, o núcleo de prótons e nêutrons do átomo perde sua coroa de elétrons.

Se é assim, por que nós, que somos uma montanha de átomos, não nos desmilinguimos pelo chão, como a água que escorre de uma torneira? Por causa da nuvem de elétrons. O lado externo dos átomos de nossa pele possui carga negativa. Também os átomos externos da superfície da Terra. E as cargas negativas se repelem. Se essas cargas elétricas fossem retiradas, tudo viraria uma poeira fina e invisível. Nem mesmo existiria alguma coisa, só nuvens dispersas de elétrons, prótons e nêutrons.

De certo modo, o que sustenta o átomo é um caso de amor, a atração entre as cargas opostas de prótons e de elétrons. Assim, cada átomo é eletricamente neutro, o que significa que o número de prótons no núcleo corresponde exatamente ao número de elétrons que o revestem. Portanto, a química de um átomo depende de números — o que deixaria Pitágoras muito feliz em saber. Um próton e um elétron formam o átomo de hidrogênio; dois prótons e dois elétrons, o de hélio; três, o de lítio; quatro, o de berílio; cinco, o de boro; seis, o de carbono; sete, o de nitrogênio; oito, o de oxigênio... e assim sucessivamente, até o átomo de urânio, com 92 prótons e igual número de elétrons. Como os amantes, os átomos só se unem quando excitados, seja aquecidos ou se alguma outra substância química atrai um deles. Ao ser absorvida pelos átomos, a energia do calor da excitação modifica a coroa de elétrons que cerca o núcleo, favorecendo a união de dois átomos, formando uma molécula. Eis uma gravidez em plena lua de mel!

Cargas iguais se repelem. Elétrons repelem elétrons e prótons, prótons. Ora, o núcleo do átomo não se desintegra porque há na natureza uma outra força que funciona como cupido — a força nuclear, que atrai prótons e nêutrons, partículas que integram o núcleo. Quando é muito pequena a distância entre partículas, a força nuclear de atração supera, e muito, a força de repulsão elétrica.

Há mais elétrons na cabeça de um alfinete do que estrelas em todo o Universo. Andamos respirando elétrons de Ramsés II e de Buda, de César e de Jesus, de Nero e de Torquemada, de Gandhi e de Hitler. Pois o último suspiro de cada ser humano é uniformemente diluído na atmosfera, entre o solo e a altura de 100 km. Assim, cada vez que inspiramos, ingerimos uns tantos elétrons que já andaram pelos pulmões de todos os outros seres vividos e viventes. Querendo ou não, estamos todos em comunhão eletrônica.

Prótons e nêutrons são feitos de quarks. E os elétrons? Há um outro universo dentro de um elétron, essa minúscula esfera de 1 milésimo de bilionésimo de milímetro, completamente vedada, presente nos eões de átomos do nosso corpo, dos objetos e em toda matéria contida no Universo, e na qual nenhum olho jamais penetrará. Podemos captar seus rastros, mas não o elétron em si mesmo. Seu tempo interior, como num buraco negro, é inverso ao nosso. Ele pulsa 100 sextilhões de vezes por segundo, dilatando e contraindo o seu raio.

Ali dentro a temperatura oscila, entre cada pulsação, de 100 bilhões a 1 trilhão de graus centígrados, a mesma encontrada em estrelas muito densas. E num par de elétronpósitron, um é negativo e o outro, positivo.

Esse equilíbrio sempre foi intuitivamente simbolizado pela humanidade na bipolaridade Deus e Diabo, Adão e Eva, Caim e Abel, Yin e Yang.

O tempo de duração de um elétron é praticamente infinito. Ele possui espaço e tempo próprios, diferentes do nosso. Como universo fechado, sua energia permanece invariável. É um microuniverso que, em neguentropia crescente, aumenta sempre mais seu conteúdo informacional.

Nunca se capturou um elétron em qualquer ponto do Universo, nem se consegue fragmentá-lo. Assim, a física abandonou a ideia de ele ser uma esferazinha tridimensional. Agora, é tido como um ponto sem estrutura e sem extensão no espaço tridimensional. Em suma, o elétron não é um objeto, tal como concebemos algo quando usamos esta palavra, mas o resultado provisório de interações incessantes, só captável como ato matemático. Na escala do infinitamente pequeno o que encontramos é a abstração. Nosso conhecimento mais profundo do real funda-se em dados não materiais.

Numa simples gota de licor há cerca de 1 trilhão de moléculas, cada uma medindo menos de 10^{-9} de metro (1 precedido de 9 zeros) de diâmetro. A molécula é formada por átomos, cada um com raio de 1 centésimo de bilionésimo (10^{-11}) de metro. Cada átomo contém um núcleo de 10^{-14} de metro, em torno do qual há uma coroa de elétrons. Se penetrarmos o núcleo de um átomo de uma das moléculas da gota de licor, vamos nos deparar com os núcleons, onde se destacam os prótons e os nêutrons numa dimensão de 10^{-15} de metro. Isso significa que, em termos de raio, o tamanho do átomo é 10^{5} vezes — 100 mil vezes — maior que o núcleo. Dentro dos prótons e nêutrons encontramos os hádrons, que abrigam quarks, cada um do "tamanho" de 10^{-18} de metro — eis o limite dimensional (1 precedido de 18 zeros). A física não conhece nada menor que 1 centésimo de quatrilionésimo de trilionésimo de bilionésimo de milésimo de metro.

Num grão de sal há tantos átomos que, para contá-los, à rapidez de 1 bilhão por segundo, levaríamos mais de 50 séculos! Se uma bola de futebol fosse tão grande quanto a Terra, os átomos que a compõem seriam visíveis no tamanho de jabuticabas. Se um átomo fosse enorme como a cúpula da basílica de São Pedro, em Roma, a maior do mundo, seu núcleo teria apenas o tamanho de um grão de sal.

Se o raio de um átomo é 100 mil vezes maior que o seu núcleo, o que há no espaço que os separa? Se o próton fosse imenso como um grão de areia, a camada de elétrons que o cerca seria do tamanho do estádio do Maracanã. Podemos supor um átomo de ferro do tamanho de uma cereja. Nem com microscópio conseguiríamos enxergar o seu núcleo. E se ele se transformar numa bola de 200 m de altura, seu núcleo aparecerá como um diminuto grão de poeira. Se todos os átomos do corpo de um homem se juntassem, eliminando o vazio que há neles, ele se tornaria menor do que um grão de poeira e, sobre a cadeira do escritório em que trabalha, nem seria visto a olho nu. Assim, o que mais há no interior de um átomo é vácuo. Por isso se diz que, assim como na Terra predomina a água, na matéria predominam os espaços vazios. Ou, se preferir, em tudo predomina o nada. A vacuidade, diriam os budistas.

É mais fácil desmontar uma molécula do que um átomo, mesmo porque ela é bem maior. Do mesmo modo, é mais fácil desmontar o átomo do que seu núcleo, assim como é mais fácil desmontar o núcleo do que os quarks que o integram. Percorrer essa cadeia, que vai dos quarks à molécula, é conhecer toda a história cósmica. Na fornalha ardente do Big Bang, primeiro os quarks se uniram e, à medida que o Universo se expandiu e esfriou, prótons e nêutrons feitos de quarks se juntaram para formar os núcleos dos átomos, que então atraíram os elétrons para formar átomos completos, os quais, por sua vez, se ligaram entre si para formar moléculas que, um dia, criaram a célula. Como observa o cientista brasileiro Newton Freire-Maia, a célula, dotada de uma estrutura complexa, não está no início da origem da vida. A vida surgiu, primeiro, em moléculas replicantes, talvez o RNA e, em seguida, o DNA. Fator evolutivo, a seleção natural teceu uma crescente e complexa história de amor.

Tomemos um exemplo apetitoso: para se fazer um pudim de nozes são precisos 2 copos de leite ou de suco de laranja (ou 1 de leite e outro de suco), 100 gramas de nozes sem casca, 1 lata de leite condensado, 3 ovos e 1 colherinha de fermento em pó. Todos esses ingredientes, que devem ser batidos juntos no liquidificador, são formados por moléculas, que por sua vez são integradas por átomos de carbono, hidrogênio, oxigênio etc. De onde vêm esses átomos? Com exceção do hidrogênio, todos vêm de um forno muito especial: as estrelas. É claro, nenhum forno faz pudim de nozes se não colocarmos lá dentro uma fôrma com os ingredientes. E, como já vimos, o ingrediente que as estrelas usam para fabricar diferentes átomos é o hidrogênio. Elas literalmente cozinham os átomos de hidrogênio e, dependendo da temperatura ou do ponto, eles viram hélio, oxigênio, carbono, cálcio, nitrogênio etc. Em suma, só podemos comer um bom pudim de nozes como este se, antes, criarmos o Universo. E depois de misturar os ingredientes, despejá-los numa fôrma redonda de bolo, dessas que têm um furo no meio, e deixá-los cozinhar em banho-maria.

Seria possível percorrer o caminho inverso, do pudim de nozes às matérias-primas do Universo. Se tivéssemos uma faca muitíssimo afiada, poderíamos cortar o pudim em fatias, a fatia em pedaços, o pedaço em farelos, e ainda dividir os fragmentos do farelo. É possível que pouco antes do milésimo corte chegássemos a ter pela frente um átomo, que não é visto a olho nu. Suponhamos que o pudim queimasse. Teríamos então um pudim de carvão. Mais 900 cortes com a nossa faca especial e teríamos um átomo de carbono, que possui seis prótons e seis nêutrons em seu núcleo, coroado por seis elétrons que dançam em volta dele. Se enfiássemos uma afiadíssima pinça e retirássemos do núcleo dois prótons e dois nêutrons, ele imediatamente se transformaria em átomo de hélio. É esta alteração — também chamada fissão — que acontece nas armas nucleares. Se partíssemos mais uma vez o átomo de carbono, não teríamos dois fragmentos de átomos de carbono, mas dois átomos de composições químicas inteiramente distintas. Cortar o átomo é modificar-lhe os elementos e, portanto, a identidade. O sonho dos alquimistas era desvendar o mistério de como retirar um próton e três nêutrons do mercúrio. Quem conseguir terá, em mãos, ouro.

Já existem instrumentos capazes de captar os movimentos dos átomos. Raios laser permitem observar reações químicas que ocorrem a intervalos de 1 fentossegundo, que equivale a 1 quatrilionésimo de segundo. Como os seres humanos, os átomos emitem energia quando se unem. Essa radiação revela o tipo de mudança operada.

É possível partir um próton nos aceleradores atômicos. Bombardeando o próton com outros prótons em alta energia, vemos que, dentro dele, há outras partículas elementares — os quarks, com diferentes "cores" e "sabores". Mas ainda não é possível partir os quarks. Se conseguirmos, talvez cheguemos a encontrar, lá dentro, o sopro divino. Aliás, Anaxágoras, no século V a.C., já defendia que tudo é composto pela mistura de "grãos" infinitamente pequenos. Todos os "grãos" se encontrariam em tudo, variando apenas a proporção.

A quem possa interessar. Os ingredientes da receita para fazer o Universo são simples: 76,5% de hidrogênio; 21,5% de hélio e 2% de outros elementos químicos. De preferência, o cozinheiro deve ter mãos divinas.

9

A BOCA FAMINTA DO CÉU

O silêncio eterno desses
espaços infinitos
me enche de terror.

Pascal

Por que o céu fica escuro à noite se bilhões de estrelas reluzem sobre nossas cabeças? Uma resposta simplista diria que por causa do movimento de rotação da Terra que, a cada 12 horas, em média, dá as costas de um de seus dois hemisférios ao Sol que nos ilumina. Ora, o Sol é apenas a estrela mais próxima de nós, a lâmpada de nosso planeta doméstico. Se o Universo fosse estático e infinito, com galáxias pontilhando todo o espaço sideral, o céu noturno deveria ser tão luminoso quanto o brilho de uma estrela. Fulgurante teto de lustres de cristal. Mas tudo indica que o Universo é finito e, ao contemplar o céu à noite, vemos os astros como eram no passado, considerando-se o tempo que a luz consome para chegar até nós.

Kepler, astrônomo do século XVII, foi o primeiro a admitir que o manto escuro da noite, revestido de botões dourados, constitui um mistério. Se o número de estrelas fosse infinito e elas estivessem uniformemente distribuídas, então deveriam cobrir todo o céu noturno, sem nenhum vazio entre elas. Se assim fosse, o céu arderia como uma bola de fogo e a vida seria inviável na Terra. Logo, Kepler concluiu que o Universo é finito.

Em 1820, a obscuridade noturna intrigou o astrônomo alemão Heinrich Olbers. Ao contrário de Kepler, ele acreditava que o Universo era infinito. Defendia a tese de que o espaço está repleto de matéria interestelar que intercepta quase toda a luz das estrelas, assim como o nosso guarda-chuva obscurece a luz solar. Porém, Olbers não pôde explicar o paradoxo do céu noturno, pois, num cosmo infinito, a luz das estrelas cozinharia a matéria interestelar, fazendo com que o céu noturno ardesse como o brilho de um sol tão próximo da Terra quanto a Lua, como previra Kepler.

O mistério foi afinal decifrado, não por um cientista, mas por um poeta do século XIX, hoje considerado um clássico: Edgar Allan Poe. Muitos conhecem seus contos de terror e poucos sabem que se tratava de um astrônomo amador e autor de um ensaio cosmológico, *Eureka: um poema em prosa,* que ele próprio considerou um *best-seller* e sugeriu ao editor George Putnam, de Nova York, que, "para começar", lançasse 50 mil exemplares! Insistiu que o sucesso da obra seria o grande negócio da editora. Como se vê, Poe sofria desta febre que contagia inúmeros autores: a alucinação de que são injustiçados merecedores de reconhecimento universal. Se não o alcançam pelo estilo, ao menos se esforçam pela pose. Ocorre que o investimento saía do bolso de Putnam, que lançou apenas 500 exemplares. Seis meses depois, Poe morreu, aos 40 anos, consumido pela bebida. Era também fascinado pela hipótese de Laplace, de que o sistema solar teria evoluído a partir de uma nuvem primordial de pó e gás. A hipótese "é demasiado bela para não ser essencialmente verdadeira", escreveu o poeta.

Segundo Poe, *o paradoxo de Olbers* — como ficou conhecido o enigma da obscuridade do céu à noite — é esclarecido pela hipótese de que a distância do fundo invisível do cosmo é tamanha, que nenhum raio emitido de lá pôde ainda chegar até nós. O brilho de uma estrela diminui com a distância. Se a distância é duplicada, a estrela mostra 1/4 de seu brilho; se é triplicada, mostra 1/9 e assim sucessivamente, segundo a lei do quadrado do inverso. E quanto mais longe olhamos, mais estrelas vemos. A 200 anos-luz vemos quatro vezes maior número de estrelas que a 100 anos-luz, pois este número cresce com o quadrado da distância, enquanto o brilho reduz. Nossos atuais instrumentos alcançam no máximo 10 bilhões de anos-luz. Ainda não podemos enxergar mais longe. O único equívoco de Poe foi supor que o Universo fosse infinitamente velho. Hoje sabemos que a luz das estrelas mais primitivas e distantes dirige-se velozmente em nossa direção, mas ainda não chegou até nós. O brilho de muitas estrelas leva mais tempo para chegar aos nossos olhos que os 4 bilhões de anos de existência da Terra. Quando contemplamos o céu noturno, olhamos para trás, para um passado muito longínquo. No céu estrelado sobre nossas cabeças, brilham estrelas dezenas de vezes maiores que o Sol e que se encontram muito mais distantes do que supomos. Fora de nossas vistas, o Universo se cobre de pudor.

Do quintal, da varanda ou da janela de nossa casa, olhamos para o céu noturno e temos a impressão de que o manto escuro que nos cobre possui os mesmos buracos brilhantes, nos mesmos lugares. De fato, as estrelas se deslocam a velocidades que podem atingir centenas de milhares de km/s. Nesse ritmo, em um ano uma estrela é capaz de percorrer cerca de 10 bilhões de km! No entanto, ela permanece cativa de nossos olhos. É que a distância que a separa das estrelas vizinhas é mil vezes maior do que os 10 bilhões de km percorridos. Assim, sua aparente posição no céu muda com demasiada lentidão. O brilho que vemos foi produzido há muito tempo. Tendo viajado pelo espaço, só agora se torna visível aos nossos olhos. A 56 bilhões de km de distância da Terra, encontra-se a estrela de Barnard. Bailarina veloz, na linha do horizonte ela dança a uma velocidade de cerca de 89 km/s, percorrendo assim 2 bilhões e 800 mil km por ano. Para o observador terrestre, neste período sua posição no céu desloca-se num ângulo de apenas 0,0029 grau. A luz do Sol, por exemplo, leva cerca de 8 minutos para chegar até nós. Com a ajuda de telescópios, podemos ver ainda mais longe e captar estrelas que não são visíveis a olho nu.

Ninguém é apenas a pessoa que vemos. É muito mais: um ser que carrega uma história de vida e traz em sua subjetividade marcas, sentimentos e emoções, conhecimentos e anseios, que o fazem transcender qualquer juízo que dele possamos fazer. Isso vale para atores e atrizes do espetáculo cósmico. Aquilo que vemos não é aquilo que é; é aquilo que foi. Quanto mais distantes penetramos no espaço, mais profundamente sondamos o passado. Nessa dimensão, tempo e espaço significam a mesma coisa. Quando a lente do telescópio desnuda as galáxias do aglomerado de Coma, elas se exibem hoje, para nós, como eram há 700 milhões de anos — quando as primeiras águas-vivas começavam a se mexer no ventre oceânico — e não como são agora. Mal comparando, é como uma foto: ela sempre mostrará como a pessoa era no passado, jamais como é no presente. Quando olhamos para uma pessoa da qual estamos separados por 3 m, não a vemos como ela é exatamente agora, mas como era há 1 centésimo de milionésimo de segundo ou 1 centésimo de microssegundo. Basta dividir a distância pela velocidade para se obter o tempo do percurso. Isso é insignificante, tratando-se de distâncias tão curtas. Mas quando se trata de quasares a 10 milhões de anos-luz, desvendamos como era o Universo há muitos e muitos milênios. Os arqueólogos sabem disso. Uma caneca encontrada na loja da esquina diz muito pouco se comparada à ânfora usada pelos egípcios na época dos faraós. Através desta cerâmica é possível decifrar usos e costumes de uma antiga civilização.

Olhamos para o céu estrelado como quem sente saudades da casa em que nasceu. Lá está o nosso berço. Somos filhos das estrelas. No século XIII, Rumi escreveu no *Fihi-MaFihi: o livro do interior,* que "todas essas partículas existiam nos átomos de Adão; algumas eram luminosas, outras semiluminosas e outras escuras". No inconsciente coletivo, devemos estar todos siderados. Basta observar inúmeras bandeiras nacionais que utilizam os astros como símbolos. A do Brasil, criada em fins do século XIX, com a proclamação da República, ostenta o globo celeste atravessado por uma faixa branca que tanto pode ser um cometa quanto um meteoro. Sobre o fundo azul, figuram a constelação do Cruzeiro do Sul e outras estrelas — uma reprodução de como o céu, visível a olho nu, se configurava na noite de 15 de novembro de 1889. Lamentável é que o lema positivista — O *amor por princípio, a ordem pelo progresso* — tenha sido suprimido em sua melhor parte. A dos Estados Unidos conta com 50 estrelas, enquanto só há uma nas bandeiras de Cuba, da Rússia e de Israel. A do Japão tem uma única estrela, mas que ocupa toda a bandeira: o Sol.

As estrelas nascem a partir das nuvens de gás e poeira formadas por átomos espalhados no espaço e associados pela força gravitacional — abraço que dura milhares de anos. Depois que prótons e nêutrons, em irresistível atração, juntaram-se para formar os primeiros átomos, o imenso véu de hidrogênio cobriu o espaço até partir-se em imensas nuvens que serviram de berço às galáxias. Sob o efeito da gravidade, cada uma daquelas nuvens concentrou-se simultaneamente em miríades de pontos, como a água da maré reflui na areia, penetrando todos os poros. Cada ponto era uma estrela nascente, ainda sem brilho. Mas, ali dentro, o repuxo gravitacional se contraía, envolvia o gás de hidrogênio em crescente contração, condensava a nuvem gasosa primordial sob a ação de seu próprio peso, aumentava a densidade, vencia os campos magnéticos e, quando temperatura e pressão tornavam-se bastante intensas, provocava as primeiras reações termonucleares. Até que o calor gerava luz, acendendo a estrela.

Tudo no Universo tem começo, meio e fim — você, eu, e as estrelas inclusive. Quando a nuvem de gás e poeira — muitas vezes, cinzas de antigas estrelas — se contrai sob a ação da gravidade, o núcleo torna-se mais denso, aprisionando o calor. Surge, então, uma proto estrela, um bebê sideral. Ao aquecer-se o bastante, a protoestrela libera energia através de reações de fusão nuclear, despindo-se da nuvem que a envolve, qual adolescente ao descobrir a exuberância de seu corpo. Agora, ela é uma estrela. Todos os átomos de hidrogênio são atraídos ao seu coração e, ali, sementes esmagadas e fundidas, multiplicam-se em hélio e energia. A pressão no centro mantém a estrela expandida, dando-lhe a estabilidade que ora o Sol desfruta. Um dia, esgotado o combustível que permite a fusão nuclear, a estrela tornar-se-á uma anã branca, como pessoas que, ao envelhecerem, parecem ter o seu tamanho reduzido.

Cada estrela revela, na cor de seu vestido, a temperatura de seu corpo. Nem todas são douradas como o Sol. As mais frias, com apenas 3.000°C — metade da temperatura na superfície do Sol —, são vermelhas, como Antares. As que, como o Sol, trazem um halo de 6.000°C, são amarelas ou douradas. Azuis as mais quentes, com cerca de 100 mil graus centígrados. Espiga, a mais brilhante na constelação de Virgem, com temperatura a 25.000°C, é azulada. As muito quentes são brancas.

A mais nova estrela de que se tem notícia é a protoestrela VLA 1.623, um bebê com menos de 10 mil anos. Seu sorriso luminoso leva 500 anos para chegar à Terra.

Publicações especializadas costumam referir-se às estrelas por um código estranho aos leigos: M31 é a Nebulosa de Andrômeda; M45, o aglomerado de Plêiades etc. Isso se deve ao astrônomo Charles Messier que, em 1781, publicou um catálogo, *Nebulosas e aglomerados de estrelas,* considerado um clássico. Nessa obra, o autor classifica 103 corpos celestes por seus números. A Nebulosa de Caranguejo é considerada M 1.

No cosmo, os objetos mais jovens são mais frios. Assim, pesquisando-se a temperatura e a poeira circundante, é possível determinar aproximadamente a idade de uma estrela. A poeira fria só emite luz em grandes comprimentos de onda, invisíveis aos nossos olhos, mas captáveis por radiotelescópios. Quando esquenta, emite luz infravermelha. Em seguida, torna-se uma estrela visível. Na superfície de uma estrela, a temperatura aproximada é de 5.000°C. Porém, no espaço interestelar, a temperatura é de uns poucos graus acima do zero absoluto (-273°C). E estrelas e galáxias não são eternas. Seu calor provém de reações termo nucleares que cozinham o hidrogênio em elementos mais pesados. Mas não há energia suficiente para aquecer todo o espaço cósmico. Por isso, o que predomina entre os astros é uma misteriosa massa fria e escura.

As pequenas estrelas vivem mais do que as grandes, assim como entre seres humanos os magros tendem a ser mais longevos que os gordos. As anãs têm cerca de 1% da massa do Sol, que é aproximadamente de 2 mil trilhões de trilhões de toneladas (2 seguido de 30 zeros). Se fossem ainda menores, não poderiam gerar suficiente calor interior para acionar a fusão nuclear e, portanto, seriam planetas, como a Terra. Avarentas, as pequenas estrelas queimam o seu combustível com tanta prudência que são capazes de brilhar no decorrer de bilhões de anos. As gigantes, 60 vezes maiores que o Sol, são como carretas comparadas ao carro pequeno, queimam rápido seu hidrogênio. Uma estrela 10 vezes o tamanho do Sol brilha menos de 100 milhões de anos e, em seguida, explode. Pelos padrões galácticos, são flores que vicejam por um dia.

No decorrer de 10 bilhões de anos de vida de uma galáxia típica, cerca de 100 milhões de estrelas explodem, uma a cada mil anos. Uma estrela com duas vezes a massa do Sol tornar-se-á uma supernova e, em seguida, uma estrela de nêutrons. Porém, uma estrela que tenha cinco vezes a massa do Sol, após a fase de supernova, talvez se transforme, por força de sua gravidade, num buraco negro. A explosão de uma supernova, situada na constelação de Touro e registrada em 1054 por astrônomos chineses, deixou, como resíduo, a Nebulosa de Caranguejo, com um pulsar em seu centro. O astrônomo Tycho-Brahe observou outra supernova, em 1572, na constelação de Cassiopeia. A terceira — a supernova 1604 — foi observada por Kepler na constelação de Ofiúco. Todas na Via Láctea.

Na noite de 23 para 24 de fevereiro de 1987, o astrônomo canadense Ian Shelton trabalhava no observatório de Las Campanas, no alto dos Andes chilenos. Seu assistente deu uma saída e contemplou o céu noturno. Familiarizado com o seu campo de trabalho, logo percebeu que havia algo inusitado: uma estrela na borda da Grande Nuvem de Magalhães. Não era uma estrela especialmente brilhante. O surpreendente é que ela não estava ali na noite anterior. O assistente chamou a atenção de Shelton e, em poucas horas, a notícia correu mundo: tratava-se de uma supernova, a primeira a ser avistada desde 1604.

Por ironia do acaso, desde a invenção do telescópio, nenhuma explosão de supernova foi detectada na Via Láctea. Em sua máxima potência, uma supernova, cujo núcleo costuma ser constituído de ferro, pode ficar mais brilhante que a sua própria galáxia, com uma luminosidade cerca de 10 bilhões de vezes maior que a do Sol.

O físico Steven Weinberg narra que, em 1893, a inglesa Agnes Mary Clerke, historiadora de astronomia, escreveu: "É praticamente certo que, por mais distantes que se encontrem as nebulosas, as estrelas estão também a distâncias remotas; assim, se as nebulosas fossem constituídas por sóis, os globos luminosos incomparavelmente maiores que encobririam quase toda a sua luz deviam, como dizia Mr. Proctor, ser de uma magnitude cuja grandeza desafia a nossa imaginação." A conclusão de Weinberg é que a ciência, mais uma vez, comprovou que a realidade ultrapassa a nossa perplexidade. Hoje sabemos que as explosões estelares são "de uma magnitude cuja grandeza desafia a nossa imaginação". Mas isso não se podia conhecer em 1893.

*

A composição química de uma estrela permanece a mesma desde o nascimento até o momento que precede a morte. A fase mais longa da vida estelar consiste no período em que ela produz energia nuclear, convertendo hidrogênio em hélio. Estrelas como o Sol podem passar cerca de 10 bilhões de anos entregues a essa alquimia. Contudo, depois que cerca de 12% de sua massa forem transmutadas em hélio, ela entra em período de instabilidade. Seu coração se contrai, enquanto a superfície de seu corpo se dilata, transformando-a numa estrela gigante. Bailarina em rodopio, sua luminosidade expande-se por todos os lados. Porém, dentro do peito agônico, sufocado por um calor crescente, ela pressente a morte. Só então sintetiza seus metais, exalando seu último suspiro. A elevada temperatura de seu núcleo, como observa Luiz Pinguelli Rosa, propicia as condições para a reação nuclear que converte hélio em carbono.

Em estrelas ainda maiores as reações nucleares, fundindo núcleos em simbiose amorosa, transformam o carbono em silício e ferro. Assim, quanto mais rica em metais, mais nova a estrela. Sinal de que ela herdou joias de suas antepassadas. Pois, ao explodir, a estrela devolve sua matéria ao jardim interestelar, como as árvores, no outono, fazem de suas folhas caídas adubo que revitaliza a terra que guarda no ventre suas raízes. Esse material atirado ao espaço torna-se semente de uma nova geração de estrelas, confirmando o axioma de Lavoisier de que na natureza "nada se perde, tudo se transforma".

Foi observada a morte de uma estrela na constelação de Libra. Tratava-se de um imenso astro, quase quatro vezes o tamanho do Sol, cujo brilho empalidecia como o foco de uma lanterna com pilhas gastas. Animal agonizante, ela dilatava-se e contraía-se, aquecendo o seu núcleo e ameaçando explodir. O efeito da própria gravidade fazia-a refluir, concentrando energia em seu centro. Na fusão nuclear, o hidrogênio transmutava-se em hélio, o hélio em carbono, o carbono em elementos mais pesados, até que o ferro predominasse no coração aquecido. Ávida por liberar-se, a energia detonava a matéria ao seu redor, ampliando de novo o tamanho do astro. Nessa sístole e diástole, aos poucos a flor incandescente regrediu às dimensões de um botão, anã branca sem brilho, concha esférica de gases quentes. Quanto mais sua luz se apagava, mais rápido ela girava em torno do próprio eixo — dançarina de flamenco dando tudo de si no último rodopio sob a luz esmaecida do palco, até que a escuridão encerre o espetáculo e arranque aplausos da plateia. O que a estrela perdia em tamanho, ganhava em densidade.

Até que, num raio de apenas 1 km, concentrou o equivalente à massa do Sol, com a diferença de que o Sol tem 696 mil km de raio. Essa contração fez cessar as reações nucleares e, resfriado, o coração da estrela implodiu, levando-a ao colapso — *o efeito Urca.*

Nos anos 1940, o físico brasileiro Mário Schenberg e o norte-americano George Gamow conversavam sobre a morte das estrelas enquanto jogavam no Cassino da Urca, no Rio. O que os intrigava era como, na contração do astro, tanta energia mergulhava em seu interior, atravessando-o, sem deslocar a matéria. Concluíram que a energia desaparecia com a mesma rapidez com que eles perdiam dinheiro na roleta. Levantaram, então, a hipótese de que o fenômeno se dava graças aos neutrinos, partículas subatômicas sem carga elétrica e, talvez, sem massa, que atravessam a matéria estelar sem alterá-la, drenando energia para o espaço. Mais tarde a hipótese foi comprovada.

A partir de 1995, ganha força a hipótese de que certo tipo de neutrinos teria massa.

A morte de uma grande estrela é precedida por reações nucleares em cadeia, nas quais a temperatura — que pode atingir 1 bilhão de graus — funde núcleos de hélio para formar carbono, oxigênio, neônio etc. A cada elemento químico forjado, o combustível estelar é consumido mais rápido. A composição da estrela passa a mudar todo mês; depois, todo dia e, por fim, de hora em hora. Seu interior parece uma cebola, cujas camadas são formadas pelos sucessivos elementos químicos sintetizados. Aos poucos, a estrela infla, transformando-se numa supergigante vermelha, maior que o nosso sistema solar. O fim da cadeia de combustão nuclear é quando ela forja o elemento ferro, e também outros elementos pesados, como ouro, chumbo e urânio. É o canto do cisne.

Como observa o cientista britânico Paul Davies, o núcleo de ferro, incapaz de produzir calor por meio da combustão nuclear, já não sustenta o próprio peso, mergulhando a estrela em colapso gravitacional. Essa contração é tamanha que os próprios átomos são esmagados. Num dedal caberiam 1 trilhão de toneladas de matéria, tal a densidade nuclear. O núcleo estelar passa a medir cerca de 200 km, transversalmente. Todo o corpo da estrela desaba aceleradamente de encontro ao núcleo compacto, mais rígido que uma muralha de diamantes, provocando uma colisão que ricocheteia com impressionante violência. A onda de choque libera quantidades inimagináveis de neutrinos, e elétrons e prótons, esmagados, viram nêutrons. Grande quantidade de energia é expelida, provocando a explosão apocalíptica das camadas externas da estrela. Essa matéria ejetada são as cinzas nucleares que se constituem na matéria-prima inclusive de nossos corpos. Por alguns dias, ela ainda brilha com a intensidade de 10 bilhões de sóis. Semanas mais tarde, a atriz deixa o palco, apaga os refletores e recolhe-se, transformando-se numa bola de nêutrons ou num buraco negro.

Estrelas superdensas, conhecidas como pulsares, foram descobertas em 1967. Segundo o astrofísico brasileiro Augusto Damineli Neto, elas têm uma densidade de 100 milhões de toneladas por centímetro cúbico e são o estado mais compacto que a matéria pode atingir sem virar buraco negro. Astrônomos italianos e estadunidenses constataram, em 1992, que uma estrela extremamente brilhante explodiu há 340 mil anos, numa distância de 195 anos-luz do sistema solar, dando origem ao pulsar Gemina, uma bola de nêutrons que pode ter rompido parte da camada de ozônio da atmosfera da Terra, afetando a constituição celular dos seres vivos. Como que extenuado por uma hemorragia, o pulsar se contraiu em espasmos cada vez mais lentos, até atingir a exaustão gravitacional. Naquele ritmo espaçado, as forças centrífugas e a pressão eletromagnética não mais conseguiram compensar a contração da gravidade. Paciente terminal sem forças para sugar oxigênio, o pulsar se exauriu e, em sua superfície, a gravitação aumentou tanto que curvou o espaço, a ponto de ele fechar-se sobre si mesmo. Na pele do Universo teria se formado, pelo lado de fora, uma bolha, com outra dimensão de espaço e tempo. Tudo naquela bolha seria inacessível aos olhos humanos e a todos os instrumentos científicos, atuais e futuros. O que era uma estrela seria, agora, um buraco negro.

*

Em 1783, o sacerdote inglês John Michell retomou a hipótese, formulada na *Ótica* de Newton, de que a luz seria composta de corpúsculos que se deslocam a grande velocidade. Se um objeto maciço e pequeno atingisse a velocidade da luz, ele se tornaria invisível a observadores distantes, porque a luz seria "raptada" pelo objeto. Michell forneceu o raio que corresponde a uma velocidade de evasão igual à da luz, numa esfera cujo campo gravitacional impede até a luz de escapar. Só faltou a ele denominar a hipótese de *buraco negro*.

A teoria da relatividade geral, em 1915, também previu a existência de buracos negros. Seriam estrelas gigantes colapsadas por uma atração gravitacional tão grande que deformariam radicalmente o espaço. Einstein comparou-as ao impacto de uma barra de ferro num colchão de espuma sobre o qual estivessem espalhadas diversas bolas de gude. A barra deformaria de tal modo a superfície do colchão, afundando-a, que a depressão atrairia as bolas imediatamente.

Ao morrer, uma estrela de tamanho médio comprime de tal modo a sua massa que seus átomos desabam e ela fica reduzida a uma pasta compacta de nêutrons. Se a estrela é gigante, nem a estrutura de nêutrons conseguiria deter a total contração. Ela se transformaria numa singularidade, um objeto do tamanho de uma cabeça de alfinete, com massa de milhares de sóis e gravidade capaz de sugar até a luz — um buraco negro.

Os buracos negros, por enquanto, figuram apenas no catálogo de teorias dos astrofísicos. Ainda não está comprovada a existência deles, embora haja cinco fortes candidatos a buracos negros na Via Láctea e um na Grande Nuvem de Magalhães. Eles possuiriam tão intensa gravidade que, se a Terra tivesse igual gravidade, ficaria comprimida até se reduzir a um corpo supercondensado, do tamanho de uma bola de gude. Segundo Augusto Damineli Neto, o Sol, por exemplo, cuja massa ocupa uma esfera de quase 700 mil km de raio, seria comprimido até uma dimensão 233 mil vezes menor, ocupando uma esfera de apenas 3 km de raio. Ele caberia no centro da cidade de São Paulo, onde poderia ser exibido como nova atração turística.

Num buraco negro, a matéria, tal como a conhecemos, desapareceria, e as leis da física estariam anuladas, pois ele devoraria tudo que dele se aproximasse. Estrelas, nuvens de gás, poeira interestelar, tudo seria engolido por este canibal quântico, transformando-se na energia que produziria a feérica luminosidade dos quasares. Quanto mais matéria a gravidade do buraco negro atrairia para o coração do quasar, mais cintilante ele ficaria. Portanto, nada poderia escapar da força centrífuga dessa fantástica "depressão", nem a luz. Daí o nome de "negros" que se dá a esses prováveis buracos. Em torno deles as estruturas do tempo e do espaço seriam retorcidas até formarem um universo hermético, uma bolha onde o tempo não passaria e na qual um segundo lá dentro equivaleria à eternidade aqui fora.

Se você, por exemplo, fosse sugado por essa misteriosa garganta do Universo, teria de passar primeiro pelo "horizonte de eventos", a superfície do monstro, cujo ventre está definitivamente oculto a qualquer observador externo. Dali, você ainda teria a chance de dar uma última olhada nessa morada cósmica. Daqui, porém, ninguém poderia vê-lo. Quanto mais você fosse tragado pelas profundezas abissais, mais o campo gravitacional aumentaria, atraindo os seus pés de tal modo para o centro, que o seu corpo ficaria esticado e comprimido, submetido ao processo conhecido por "espaguetificação". Tempo e espaço seriam progressivamente encurvados pela gravidade ilimitada até serem suprimidos. Num microssegundo, até as partículas dos átomos de seu corpo desapareceriam na singularidade. Se alguém aqui fora pudesse observar sua queda, teria a impressão de vê-la em câmara lenta. O que ali dentro ocorre em poucos segundos, daqui de fora é considerado uma eternidade. Como sugere Paul Davies, "um buraco negro é uma pequena região do espaço que contém o fim do tempo. Saltando em um deles, aqueles que estão curiosos sobre o fim do Universo têm a oportunidade de experimentá-lo na própria pele".

O conceito de buraco negro foi formulado pelo astrônomo alemão Karl Schwarzchild quando, no leito de morte, fez uma descrição matemática do que poderia ocorrer se a atração gravitacional de um corpo fosse tão poderosa que ele continuasse a se contrair para além da própria trama do espaço. Décadas mais tarde, o físico americano John Wheeler criou o termo *buraco negro*. Admite-se hoje que uma colher de sopa de sua matéria pesaria mais do que 1 bilhão de toneladas. E ele tudo sugaria, até os fótons. Poderia atrair uma estrela e estilhaçá-la, exaurindo-a num redemoinho de gases. Como a água da torneira junto ao ralo, quanto mais próxima ao buraco negro, mais rápido giraria a nuvem de gás, aumentando sua temperatura, sopa escaldante de partículas atômicas — o plasma. Aquecido, o plasma passaria a emitir luz com energia cada vez mais alta e, antes de ser totalmente engolido, emitiria raios X e gama — ondas eletromagnéticas com mais energia que a luz visível. A parte do plasma que conseguiria escapar da voracidade da boca faminta do céu seria ejetada na forma de feixes cônicos perpendiculares a ela.

Em fins de 1992, a Nasa divulgou uma foto tirada pelo telescópio espacial *Hubble* do que se supõe ser um buraco negro, no núcleo da galáxia NGC 4261. O buraco negro, em si, jamais poderá ser fotografado, já que sua atração gravitacional impede que a luz escape de sua superfície. O disco captado pelo *Hubble*, situado a 45 milhões de anos-luz da Terra, tem 300 anos-luz de diâmetro. É uma fornalha que devora milhares de estrelas como o Sol e, de sobremesa, muita poeira cósmica. A refeição é consumida numa boca em forma de redemoinho que gira a 3 mil km/s.

Em maio de 1994, o *Hubble* teria detectado a existência de um buraco negro no centro da galáxia gigante M87, localizada a mais de 50 milhões de anos-luz da Terra, na constelação de Virgem. Trata-se de uma imensa panqueca girando a 2 milhões de km/h em torno de seu próprio eixo. No início de 1995, foi anunciada a descoberta de um possível buraco negro, com massa equivalente a 40 milhões de vezes à do nosso Sol, situado na galáxia NGC 4258, localizada a 21 milhões de anos-luz da Terra. Nada, contudo, ainda comprovado.

Um buraco negro emitiria apenas radiação. O curioso é que, visto da Terra, o movimento dos corpos siderais junto à boca do buraco negro pareceria estar em câmara lenta. De fato, estariam se movendo em surpreendente velocidade. E nada mais poderia ser visto, senão o fundo escuro, a noite eterna e sem luz daquela bolha gravitacional. Ali dentro, tempo e espaço trocariam de papéis: o espaço se comportando como tempo e o tempo como espaço. O tempo escoaria-se em sentido inverso ao seu movimento deste lado do Universo. Ora, isso poderia significar que, se do lado de cá, plantas, animais e pessoas morrem à medida que evoluem, naquela bolha as coisas renasceriam à medida que evoluiriam, e o fariam em movimento cíclico, de eterno retorno, em crescente neguentropia, como no interior de uma célula viva.

Não seria o Universo um imenso buraco negro, já que nada, nem nós, podemos sair dele?

10

A ESPINHA DORSAL DA NOITE

Não há dúvida de que o que há de mais belo e perfeito entre as realidades visíveis são esses desenhos formados pelas constelações que enfeitam o céu.

Platão

O sistema solar — que abriga menos de 1 decimilibilionésimo do número total de planetas que se calcula existirem na Via Láctea — é um corpo de balé que dança em volta de uma estrela situada na periferia de uma galáxia espiral. Cada bailarina ou bailarino dança em seu próprio ritmo, sendo que Mercúrio parece descrever em sua órbita um drama de amor e ódio ao Sol, enquanto Vênus insiste em rodopiar ao contrário de seus pares. A Terra, cheia de vida, gira o seu corpo azul, exibindo seus cabelos verdes e as unhas brancas como neve. O espetáculo pode ser contemplado de um camarote na Via Láctea, localizada num superaglomerado de galáxias, vizinha de pelo menos mais 40 mil galáxias que se estendem por 1 quintilhão de anos-luz de espaço.

Formado por planetas, asteroides, cometas, luas e poeira interplanetária, o sistema solar ocupa mais de 12 bilhões de km. No entanto, o Sol representa 99% de sua massa. Num atlas da Via Láctea, a família solar ocuparia uma única página. Para conter os demais sistemas estelares de nossa galáxia, o atlas precisaria estar distribuído em mais de 10 milhões de volumes, cada um com cerca de 10 mil páginas. Um leitor que o solicitasse na Biblioteca Cósmica e fosse capaz de folheá-la ao ritmo de uma página por segundo, gastaria mais de 10 mil anos para ir da primeira à última folha.

Os gregos antigos deram o nome de Via Láctea à renda brilhante de estrelas — cujo centro pode ser visto por nós, habitantes do hemisfério Sul — devido ao mito de que Hércules, quando mamava no peito da deusa Juno, foi arrancado, derramando-se o leite pelo espaço... Para um astrofísico, trata-se de uma coisa menor, vulgar, inferior a milhões de outras galáxias que se deslocam pelo espaço sideral. De um extremo a outro, a Via Láctea mede 60 a 80 mil anos-luz e é um enxame de 100 a 200 bilhões de estrelas, entre as quais o Sol.

Trata-se de uma entre tantas e tantas galáxias que brilham nos abismos cósmicos, pelos quais viaja a uma velocidade de 600 km/s, ou seja, mais de 2 milhões de km/h. Isso significa que o Universo não é tão homogêneo quanto se pensava e que nele existem colossais estruturas. Uma delas, de 150 milhões de anos-luz, estaria situada na direção do supercúmulo de Hidra do Centauro, cuja massa exerce sobre nossa galáxia uma poderosa atração gravitacional.

A Via Láctea é companheira de cerca de 30 galáxias atraídas entre si pela força de gravidade. Os astrônomos chamam essa turma de Grupo Local, situado na extremidade de um arquipélago de galáxias conhecido como aglomerado de Virgem, do qual a Terra se encontra a uma distância de 60 milhões de anos-luz.

A distância que separa o sistema solar, onde você e eu nos encontramos, do centro da Via Láctea equivale a 27 mil anos-luz, ou seja, são 256.500.000 km a serem percorridos por eventuais turistas cósmicos.

A "espinha dorsal da noite" — como o povo Kung, do deserto de Kalahari, em Botswana, denomina a Via Láctea — formou-se há cerca de 10 a 13 bilhões de anos. Segundo Weinberg, essa estimativa baseia-se na presença de isótopos radioativos na Terra, como os de urânio U-235 e U-238, e naquilo que a ciência já conhece da evolução das estrelas. O satélite *Cobe* revelou, em 1992, que a Via Láctea não é um mero redemoinho de estrelas, como aparece nas ilustrações de livros didáticos. Trata-se de uma galáxia espiral barrada, com um núcleo mais alongado — um colar de gás luminescente. Atrás do colar há uma cabeleira de fios de gases quentes projetando-se, ondulantes, a partir do núcleo. Esses fios prolongam-se, no espaço, por 300 anos-luz.

No clube de galáxias conhecido como Grupo Local duas merecem destaque, ambas espirais: Via Láctea e Andrômeda. Esta é o objeto mais distante que, no cosmo visível, podemos enxergar da Terra, a olho nu. Situa-se a cerca de 2 milhões e 300 mil anos-luz e se move em direção à Terra na velocidade de quase 300 km/s. Possui pelo menos sete braços espirais. Seu diâmetro e massa equivalem ao dobro da Via Láctea. Alguns cientistas supõem que há um buraco negro no coração de Andrômeda, contendo massa equivalente a milhões de estrelas do tamanho do Sol.

Daqui a muitos milhões de anos, Andrômeda e Via Láctea irão colidir, deixando no espaço uma espiral de gás e poeira cósmica, uma galáxia elíptica, semelhante à galáxia

NGC 7252, fotografada pelo telescópio orbital *Hubble* em 1993. Situada a 300 milhões de anos-luz da Terra, a NGC 7252 resultou do choque entre duas galáxias espirais há apenas 50 milhões de anos.

A Via Láctea é pontilhada por bilhões de estrelas. Bailarinas centradas em focos de luz têm seus corpos levemente cobertos pelo tecido esvoaçante de nuvens de gás. Nesse gigantesco catavento, há sistemas planetários em condensação, supergigantes luminosas, gigantes vermelhas, anãs brancas, estrelas solitárias como o Sol, nebulosas planetárias, novas e supernovas, pulsares e, no centro, haveria um buraco negro com massa 36 milhões de vezes maior que o Sol, numa região com diâmetro de apenas 0,42 ano-luz. Um raio de luz levaria 100 mil anos para atravessar a nossa galáxia de ponta a ponta. Abrindo os braços espirais cobertos de joias brilhantes, ela dança em torno do próprio umbigo. Nas bordas, o rodopio alcança a velocidade de 250 km/s. A volta completa leva cerca de 220 bilhões de anos. De modo que estamos todos a bordo de uma titânica roda-gigante feericamente iluminada. Somos como a formiga que trafega no teto de um trem superveloz, sem se dar conta do ritmo do movimento.

O coração de nossa galáxia, turbilhão banhado por intensa luz ultravioleta e radiação gama, concentra um aglomerado de estrelas no pequeno espaço de apenas 3 anos-luz, coroado por um grande anel de gás. A distância média de uma estrela a outra costuma ser de 5 anos-luz. Naquele apertado buquê, as estrelas correm a 100 km/s. Essa concentração pode levá-las a se fundirem e formarem uma superestrela que chegaria a implodir sob o peso de sua própria massa, criando assim um buraco negro. Admite-se que a fonte de energia das galáxias sejam buracos negros ativos em seu centro, consumindo rapidamente a galáxia a partir do núcleo e convertendo grande parte de sua massa em emissões de ondas eletromagnéticas (fótons), como de rádio e de luz, que funcionam como janelas sobre o passado do Universo, pois estão a uma distância da Terra de 10 a 15 bilhões de anos-luz — o que equivale dizer que só podem ser detectadas tais como eram há 10 ou 13 bilhões de anos. O fato é que o centro da Via Láctea emite uma intensa radiação gama, que talvez seja o que George Smoot chamou de "o grito de morte" das estrelas tragadas pelo buraco negro.

A Via Láctea está "caindo" em direção ao aglomerado de Virgem à velocidade entre 250 a 500 km/s. Há quem fale em 600 km/s. Neste caso, dentro de 10 bilhões de anos as duas poderão se encontrar num abraço sideral. Supõe-se que Virgem alonga-se pelo espaço numa distância de 1 ou 2 bilhões de anos-luz. Seria, pois, uma Grande Muralha cósmica. E quem sabe o próprio aglomerado de Virgem esteja sendo atraído por um superaglomerado situado fora do Universo observável! Nem todos os cientistas acreditam no abraço sideral, pois consideram que Virgem se afasta da Terra percorrendo 1.000 km a cada segundo. De qualquer modo, se as galáxias se afastam umas das outras, tudo indica que, um dia, estiveram muito próximas. E o que as move nesse mergulho vertiginoso que rasga as fronteiras do espaço não é nenhuma força misteriosa, mas a Explosão Inicial. É verdade que não viajam a uma velocidade constante, agora mais reduzida devido à mútua gravitação que as mantêm, de algum modo, como solistas de um balé e que simultaneamente ocupam o mesmo palco.

Em 1994, descobriu-se a face canibal da Via Láctea, que estaria engolindo a galáxia esferoidal anã de Sagitário.

Trata-se de um fenômeno que, até então, escapara aos astrônomos, devido à luminosidade de nossa galáxia, que ofusca o brilho das pequenas galáxias vizinhas. Neste caso, a velocidade de atração é de 150 km/s. A nova galáxia descoberta é a mais próxima do sistema solar — cerca de 80 mil anos-luz. Aliás, as grandes galáxias se formam graças ao canibalismo, quais aranhas que captam moscas que voam próximas às suas teias.

*

Entre bilhões de estrelas da Via Láctea, os habitantes da Terra dependem de apenas uma — o Sol, este velho parceiro que ainda nos mantém inconscientemente presos à concepção geocêntrica, falando em nascer e pôr do Sol ou que ele sobe e declina. O gás que o compõe, num estado chamado plasma, é encontrado nas chamas de uma fogueira, na descarga elétrica, nos relâmpagos e, em estado frio, nas lâmpadas fluorescentes. Mistura diluída de partículas, o plasma é um gás cuja elevada temperatura retirou alguns elétrons do seu núcleo. Como a casca partida de um ovo, o Sol possui fendas que levam meses para fechar. Dali sai um forte fluxo de vento, puro plasma que varre o espaço qual feixe de luz de um farol, pois o Sol gira em torno de seu eixo uma vez a cada 27 dias. São chamadas fendas coronais e provocam tempestades magnéticas sobre a Terra, propiciando aos olhos humanos um dos mais belos espetáculos: as auroras boreais.*

---

* Numa madrugada hibernal de novembro de 1980, tive o privilégio de contemplar, de uma autopista da Suécia, a aurora boreal. Imensos archotes pareciam erguer-se dos bastidores do horizonte e arranhar a abóbada celestial. Mas, de fato, encontravam-se a 80 km de altitude.

O Sol gira em torno da Via Láctea na velocidade de 200 km/s, percorrendo cerca de 720 mil km/h. Desde que nasceu, há 5 bilhões de anos, já completou 20 voltas em torno da nossa galáxia, entrando e saindo de seus braços espirais, em brincadeira de roda, seguido por sua fila de planetas. Atualmente, encontra-se entre dois braços espirais. Supõe-se que as idades de gelo da Terra ocorram quando o Sol viaja por dentro de uma dessas foices brilhantes que dão à Via Láctea o aspecto de um broche na forma estilizada de aranha.

Todas as estrelas que vemos no céu, à noite, são sóis, e inúmeras devem ter, à sua volta, seus próprios planetas. Acontece que o Sol é a estrela mais próxima da Terra, situada a uma distância de cerca de 150 milhões de km — mais de 400 vezes a distância que separa a Terra da Lua. Num foguete, à velocidade de 75 km/h, levaríamos cerca de 230 anos para estacionar à porta do nosso astro-rei. Rara e pequena estrela, o Sol é uma anã amarela instalada nos subúrbios galácticos. Sua vizinha mais próxima é a Alfa Centauro, um grupo de três estrelas, no qual duas fazem lentas evoluções em torno uma da outra — destaques de um samba sideral —, enquanto a terceira, Próxima Centauro, aplaude o par de longe. Alfa Centauro encontra-se afastada da Terra 275 mil vezes a distância que separa a Terra do Sol. Por isso, o brilho de sua luz demora mais de três anos para viajar até os olhos terrestres.

Considerado de dentro para fora, o Sol possui um núcleo central; uma atmosfera gasosa e brilhante, a fotosfera, com espessura de 2 a 3 km; uma outra atmosfera de gases leves, com aspecto de camada de fogo em suspensão, a cromosfera, com espessura de 25 a 30 mil km; e uma auréola brilhantíssima, a coroa solar. Seu volume é 1.280 milhão vezes maior que o da Terra. A circunferência é de 4.300 milhões de km. A massa, 333.400 vezes maior que a do nosso planeta. A cada segundo, 600 milhões de toneladas de seu hidrogênio (prótons) se transformam em hélio. Comparada à sua massa, é uma parte mínima que é queimada. Restam menos de 10 bilhões de anos para o Sol consumir todo o seu combustível e iniciar sua agonia.

A energia produzida por ele equivale à explosão simultânea de 40 bilhões de bombas de hidrogênio por segundo. Ele transforma matéria em energia à taxa de 4,4 milhões de toneladas por segundo. Um quilo de matéria solar equipara-se a 100 bombas atômicas. Sua energia decorre da fusão nuclear dos átomos de hidrogênio, devido à pressão altíssima — 70 milhões de toneladas por centímetro quadrado — que dá origem aos átomos de hélio. Comparado a outras estrelas, o Sol é relativamente novo e trata-se de um produto "ecologicamente correto", pois se formou de material reciclado de velhas estrelas, das quais provêm os 2% de elementos pesados e o material de que a Terra — e nós próprios — somos feitos. O corpo humano contém a mesma matéria do Sol: hidrogênio, oxigênio, carbono, sódio, ferro, magnésio, cálcio etc. Portanto, não se equivocavam de todo os povos indígenas e primitivos que se consideravam filhos do Sol.

Augusto Comte, do alto de suas certezas, dizia que, sendo impossível viajar até as estrelas, jamais se poderia conhecer a composição química do Sol. Faria melhor mantendo a boca fechada, pois três anos após a sua morte, em 1857, teve início a análise do espectro solar. Constatou-se que o Sol possui quase todos os elementos químicos, sendo o hidrogênio o mais abundante. Depois vem o hélio, descoberto 30 anos antes de ser detectado na Terra. Como os cientistas pensavam que ele só existia lá, deram-lhe o nome do deus do Sol na mitologia grega. Há também carbono, nitrogênio e oxigênio — que são básicos no corpo humano. Existem no Sol quase na mesma proporção que são encontrados em nossos corpos, o que não é de se estranhar, já que homens e mulheres são feitos de matéria estelar. As matérias-primas do corpo humano condensaram-se da nuvem quente que envolvia o Sol primitivo.

Quase todas as fontes de energia utilizadas pelo ser humano, com exceção da nuclear e da que se origina no movimento da Terra e da Lua, derivam diretamente do Sol. Na Terra, a energia solar encontra-se armazenada na forma de petróleo, de gás, de madeira e de carvão — que nada mais são que energia solar condensada, graças às mutações químicas provocadas pela maravilhosa alquimia da fotossíntese. Também o vento que move moinhos e impele barcos à vela resulta do movimento ascendente das massas de ar aquecidas pelo Sol. As turbinas das hidrelétricas são acionadas pelas águas que caem dos céus e brotam das entranhas da Terra — resquícios vivos de estrelas — e sulcam o leito dos rios, desembocam nos mares, evaporam-se sob a radiação solar, para em seguida se precipitarem de novo em chuvas e tempestades, penetrando a Terra e inundando os rios, num ciclo contínuo. Toda a nutrição dos seres vivos provém do Sol, pois as cadeias alimentares dependem da fotossíntese.

Para as estrelas se formarem a partir do hidrogênio existente no espaço, as partículas do gás se associam por atração gravitacional, o que dura milhares de anos. No interior dos átomos de hidrogênio, núcleos atômicos movem-se em alta velocidade e, como carros num cruzamento sem sinalização, colidem com tanta força que se fundem, produzindo energia e, ao mesmo tempo, criando núcleos de átomos mais pesados, como os de hélio, que possuem dois prótons e dois nêutrons. Essa fusão nuclear produz calor e, portanto, a luz que nos banha. Como a natureza não visa ao lucro, o Sol fornece à Terra, em uma hora, mais energia em forma de luz do que o nosso planeta consegue consumir em um ano.

Estrela constituída de 73% de hidrogênio, 25% de hélio e 2% de elementos pesados, o Sol brilha, contrariando a física clássica. Os prótons têm carga positiva e partículas da mesma carga repelem-se mutuamente. Segundo a física clássica, numa estrela dificilmente dois prótons podem ter suficiente velocidade para romper os muros de seus campos de força eletromagnética e fundirem-se num único núcleo. As equações demonstram que o índice de colisão dos prótons não é suficiente para provocar reações de fusão. No entanto, lá no céu está o Sol rindo de nossas equações que dizem que ele não pode brilhar. Se a física clássica explicasse todos os fenômenos da natureza, o espetáculo das estrelas reluzindo no firmamento já teria saído de cartaz. Ocorre que, segundo os princípios da indeterminação quântica, alguns prótons, movidos por uma altíssima temperatura que lhes confere energia cinética, pulam o muro e fundem-se num único núcleo, gerando o brilho das estrelas.

No coração do Sol, cada próton aguarda mais de 30 milhões de anos antes de experimentar esse breve voo. Quando ocorre a colisão, um dos prótons se transforma em um nêutron, provocando o aparecimento de um núcleo de hidrogênio pesado. Essa interação, como festa de roça, é comemorada com dois fogos de artifício: as partículas que ela libera — o neutrino, que, do Sol, mergulha no espaço; e o pósitron, que se impregna no gás que, qual um manto, envolve o nosso astro-rei para ajudar a aquecê-lo. Em poucos segundos, aquele núcleo de hidrogênio pesado colide com outro próton, transformando-se em hélio-3, que libera um fóton que leva mais energia para o cobertor de gás que circunda o Sol.

A fusão nuclear tem o mesmo mecanismo adotado numa bomba termonuclear. Mas o Sol não é uma bomba. A natureza é mais sábia do que os homens. Quando ocorre uma reação em cadeia no centro do Sol e o calor aumenta, o gás que o envolve se expande ligeiramente, diminuindo sua densidade e, portanto, a probabilidade de novas colisões de próton com próton. Graças a esse processo autorregulador, toda estrela se dilata para amortecer o ritmo de seus processos termonucleares e se contrai quando seu centro começa a esfriar para, de novo, aquecer-se e aumentar o ritmo das fusões nucleares.

Em forma de luz e calor, a energia solar que chega até nós representa apenas 5 bilionésimos do total de sua luminosidade — equivalente a 6^{24} de lâmpadas caseiras (6 seguido de 24 zeros). Porém, o suficiente para dotar o nosso planeta de condições propícias à vida e, assim, gerar alguns bípedes inteligentes que insistem em intrometer-se na intimidade solar.

Anaxágoras, cientista grego do século V a.C., equivocou-se ao supor que o Sol fosse uma pedra vermelha e quente. É uma gigantesca bola de hidrogênio e hélio, em contínua pulsação. Sua pele apresenta manchas escuras, visíveis ao olho humano ao amanhecer. São as regiões mais frias, com campos magnéticos mais intensos. Aliás, só se pode observar o seu corpo por fora, mesmo utilizando raios X ou onda de rádio. Ali, a temperatura chega a 6.000°C, o dobro da que é encontrada no filamento de uma lâmpada de mercúrio e relativamente fria se comparada aos 15 milhões de graus centígrados, ou mais, no seu interior. Devido à pressão em seu núcleo, o hidrogênio fica com densidade 11 vezes superior à do chumbo! O calor excessivo mantém esse denso material em estado "gasoso" — plasma. A cada segundo, o núcleo do Sol produz fótons e neutrinos. Ao contrário dos fótons, os neutrinos, quais moleques, partem em disparada do núcleo, à velocidade da luz, sem que nada consiga detê-los ou reduzir sua vertiginosa viagem. De dia, eles nos atingem vindos de cima; de noite, vindos de baixo, após perpassarem o corpo de Gaia. Cada centímetro quadrado de nossos corpos está sendo atravessado, agora, por cerca de 70 bilhões de neutrinos. Como penetram em nossa retina sem interagir, não podemos vê-los. Se pudéssemos, saberíamos, entre outras coisas, como é o coração do Sol.

Naquele alto-forno, a cada segundo, 710 milhões de toneladas de hidrogênio são convertidas em 705 milhões de toneladas de hélio. A massa de hélio produzida é pouco inferior à massa de hidrogênio consumida. Os 5 milhões restantes são convertidos, pela fusão nuclear, de matéria em energia — e é ela que faz o Sol resplandecer. Daí nasce o brilho de todas as estrelas. Estima-se que o coração do Sol, onde ocorre a fusão, tem as dimensões de Júpiter. Cada fóton ou partícula de luz que deixa o núcleo percorre alguns milímetros e colide com um átomo do gás circundante. Nesta trombada, o fóton perde parte de sua energia, mas prossegue em direção ao exterior e, de novo, dá outra trombada. De colisão em colisão, esse motorista barbeiro custa a chegar à superfície do Sol — e graças a essas trombadas, que mudam as características dos fótons emitidos pelo núcleo, a luz solar deixa de ser letal para a vida na Terra. Somos, pois, literalmente, o resultado de acidentes de percurso.

Os fótons saem do centro do Sol como raios gama. E 10 mil anos depois chegam à superfície como raios ultravioleta. Mas não passam diretamente à superfície. Ao atingirem o limite do interior radioativo, mergulham no gás solar em violenta ebulição, faltando ainda 2/3 do caminho para chegar lá fora. Como na sopa sobre o fogão, bolhas gigantes precipitam-se para a superfície, esfriam-se, afundam e tornam a emergir, numa velocidade mais rápida do que os fótons conseguem mover-se de dentro para fora. Cada bolha de gás mede 1.500 km de diâmetro. Vistas em câmara lenta, são como grãos de arroz e o Sol se parece com uma panela fervendo. Sua massa é convertida em energia na forma de quantum, que avança lentamente rumo à superfície do Sol, esbarrando em átomos e sendo absorvida e reemitida à medida que sobe; até que, séculos depois, finalmente alcança a liberdade — milhões de quanta são projetados no espaço como luz solar.

A fotosfera é revestida de camadas gasosas ainda mais exteriores — a cromosfera e a coroa. A cromosfera é rubi, e a coroa, um halo de grandes raios brancos. Na superfície, o fóton é livre, como um jovem que, afinal, atingiu a maturidade e passa a viver fora de casa. A cromosfera e a coroa não conseguem, como tias vetustas, impedir o seu caminho, pois lhes falta energia para isto. Feliz da vida, o fóton mergulha de cabeça no espaço e, na velocidade da luz, em oito minutos chega à pele de homens e mulheres que descansam na praia; às plantas que se abrem excitadas à sua luz; às pedras que, solenes, refletem o seu brilho nas encostas das montanhas.

Uma estrela comum, como o Sol, quando esgota sua reserva de hidrogênio, contrai-se como a mulher sem agasalho se abraça ao sentir a lufada de vento frio. A contração aquece tanto o seu interior que a fusão dos seus núcleos de hélio gera átomos de carbono, de oxigênio e de neônio. Se se contrai ainda mais, hélio e neônio se fundem, produzindo átomos de magnésio, de silício, de enxofre e de cálcio. A última etapa da alquimia estelar reside na produção de átomos de ferro. Então, o núcleo de ferro se dilata no coração da estrela, paralisando todas as reações nucleares e levando-a ao colapso geral. A superfície se expande e esfria, transmutando o perfil brilhante para tons de vermelho num alvorecer de verão.

Quando isso ocorrer no interior da estrela que nos dá luz, ela ficará 100 vezes maior do que é hoje e será mil vezes mais brilhante. Logo, sua echarpe luminosa se esvairá no espaço e, nua, ela se encolherá, transformando-se numa anã branca, densa e maciça esfera quase do tamanho da Terra. Se explodir, gerará suficiente energia para produzir átomos mais pesados que o ferro, tal como se uma gata parisse seus mais belos filhotes segundos antes de morrer.

Ao expirar, exalará um hálito quente que se expandirá até encontrar, nas profundezas do espaço, outras ondas de gás que vagueiam. Ocorrerá, então, a mais forte colisão que se conhece no Universo, na qual a fusão dos átomos gera toneladas de elementos como ouro e prata, mercúrio e chumbo, iodo e cobre, sódio e magnésio, alumínio e silicônio, enxofre e cloro, argônio e potássio, titânio e cobalto, níquel e zinco

Todo esse material se projeta a bordo da nuvem levantada pela colisão e avança eões de anos pelo espaço interestelar até se mesclar a outras nuvens nebulares. Quando surgem novas estrelas da condensação da poeira dessas nuvens, seus planetas, resfriados, herdam aqueles preciosos elementos. A Terra é um desses planetas e essa é a origem do ferro entranhado no sinuoso corpo de Minas Gerais, e usado na fabricação dos grampos que prendem papéis e das estruturas que sustentam as pontes em nossas cidades, bem como do ouro e da prata que tanto fascinam a nós, pobres mortais, e do sódio contido no sal que tempera os nossos alimentos. Portanto, não há tanta luz que sempre dure, nem calor que sempre perdure.

Pelo que se pode calcular do volume e da queima de seu combustível, a morte do Sol ocorrerá dentro de 5 a 8 bilhões de anos, quando quase toda sua reserva de hidrogênio se esgotar, convertida em hélio. Então, como um náufrago sedento de ar, o forno de fusão do hidrogênio será lentamente expelido do seu coração, rumo à superfície mais fria. Terá cessado a fusão do hidrogênio e a própria gravidade solar comprimirá aquele corpo, aumentando em seu interior a temperatura e a pressão do núcleo rico em hélio. Numa asfixia crescente, o núcleo ficará tão comprimido, que átomos de hélio, sem nenhum espaço, mergulharão numa simbiose que desencadeará um novo ciclo de reações de fusão, gerando carbono e oxigênio. Essa energia adicional dará ao Sol uma sobrevida, permitindo-lhe permanecer por mais algum tempo no palco sideral.

Qual fênix capaz de renascer das próprias cinzas, ele já não terá o mesmo perfil que a Terra contemplou por bilhões de anos. O contraste entre o hidrogênio quase à superfície e a alta temperatura gerada em seu coração, pela fusão do hélio, fará com que o seu corpo enfermo se dilate e resfrie. Revestido de intenso brilho, ele aquecerá a temperatura da Terra, evaporando os oceanos e extinguindo toda forma de vida. Um bilhão de anos depois, o Sol, imensamente gordo, tornar-se-á uma estrela gigante vermelha, com tamanho cerca de 500 vezes superior ao atual. Sua pele estará tão distante do coração, reduzindo de tal modo a força de gravidade entre a superfície e o núcleo, que sua atmosfera mergulhará no oceano cósmico, dissolvendo-se em poeira estelar. Quando desabar sobre si próprio, a energia liberada atingirá 100 milhões de graus centígrados. Então, purpúrea e inchada, num último estertor, a gigante vermelha, faminta, abrirá sua boca incandescente e engolirá os planetas Mercúrio e Vênus e, em seguida, a Terra e a Lua — tal como imaginou a tribo Fang, do Gabão, temerosa de que um dia o Sol fosse caçar as estrelas e a Lua, para comer uma a uma.

Todo o sistema solar será tragado pelo Sol, retornando ao ventre de origem. E como um corpo enfermo que não retém nenhum alimento, ele definhará, tornando-se uma anã branca, denso núcleo feito de oxigênio e carbono e revestido pelo xale de hidrogênio e hélio. Ele continuará quente ainda por bilhões de anos, graças ao calor aprisionado em seu corpo compacto. Porém, como a fornalha nuclear terá cessado, ele não terá como repor a perda de energia térmica. Aos poucos, seu corpo e coração irão se resfriando, e seu brilho se apagando, até ser tragado pelos gelados e escuros abismos siderais.

Uma nuvem de gás cintilante marcará, nos céus, a sepultura da Terra, como hoje a nebulosa da Lira assinala o cemitério de uma estrela muito antiga.

11

A TERRA, NOSSA MORADA

A Terra estava vazia e vaga,
as trevas cobriam o abismo
e um vento de Deus
pairava sobre as águas.

Gênesis 1, 2

Há 4 bilhões e 600 milhões de anos uma nuvem de gás e poeira — resquício de uma estrela que explodira — sofreu um choque térmico. Medindo bilhões de quilômetros de largura — punhado diminuto de poeira estelar comparada às dimensões da galáxia —, a nuvem desintegrou-se ao entrar em colapso, talvez provocado pela morte violenta de alguma estrela vizinha, transmutando-se num disco achatado, em veloz rotação. Em crescente força de gravidade, o centro do disco, espesso e escuro, atraiu toda a matéria circundante. Sob intensa pressão, num braço espiral da Via Láctea, a massa esférica e compacta incendiou-se ao atingir o ponto crítico, inaugurando o Sol, condensado do gás e da poeira estelar resfriada, malha volátil de detritos de uma ou mais supernovas. À sua volta, em ritmo cadenciado, dançavam astros sem suficiente calor para gerar luz própria — os planetas.

Nem tão distante do Sol a ponto de hibernar como sorvete olvidado no congelador, nem tão próxima que viesse a sofrer de insolação crônica, a Terra era, em seus primórdios, uma bola de fogo ardente. Vasto deserto de Hadean Aeon, sem mares e costas, pura rocha incandescente agredida por toda sorte de meteoritos que se cruzavam atônitos pelas largas avenidas siderais, habitantes cegos de uma cidade em chamas. Os que se projetavam sobre o corpo abrasado do planeta derretiam-se como pedras de gelo no óleo fervente. Tivessem olhos, veriam aterrorizados que a Lua, a apenas 18 mil km de distância, ocupava todo o horizonte da janela terrestre, entregue a uma contorção alucinada, e completava voltas em torno do nosso planeta a cada seis horas, provocando o arrepio de enormes marés crispadas em rocha fundida. Pião de fogo, a Terra se recobria de uma atmosfera de hidrogênio e hélio, e seus dias e noites revezavam-se a cada cinco horas. No decorrer do curto dia, raios ultravioletas do Sol calcinavam a superfície do globo tremeluzente, até que, súbito, a noite retornasse projetando, na face esburacada da Lua, o reflexo da lava efervescente.

Do oceano cósmico mergulhavam sobre o corpo terrestre meteoritos com toneladas de carbono orgânico e cometas que, ao toque da superfície ardente do planeta, despiam-se de seus vestidos de noiva — longas caudas de gelo trazendo grandes quantidades de água — que, num átimo, retornavam aos ares em forma de vapor, somando-se aos gases quentes que afluíam do interior da Terra. Entre eclipses, vulcões, erupções e estrelas cadentes, nenhum sinal de oxigênio e, portanto, de vida. Mas já se faziam presentes água, carbono e energia, ingredientes indispensáveis para cozinhar aminoácidos. Gordura resfriada, uma parcela da superfície terrestre adquiriu a consistência de uma crosta. Vinda do Sol, a radiação ultravioleta vazava os gases que recobriam o planeta, aquecendo-o, enquanto o magma interior irrompia em jatos de lava vomitados por vulcões, estilhaçando moléculas da atmosfera primitiva lançadas aos oceanos — berço propício às moléculas orgânicas, premissas e promessas de vida.

Setecentos milhões de anos após o alvorecer do Sol, a Terra se resfriou, liberando, de suas entranhas fendidas, gases aprisionados em seu interior: metano, amônia, monóxido de carbono, vapor de água e hidrogênio. Cessara, por um tempo, o bombardeio sideral. O calor do corpo terrestre reduzira-se, pois boa parte irradiara-se para o espaço. Então, o vapor de água, gerado pela primitiva ebulição, desabou em tempestades torrenciais. Nuvens espessas como chumbo cobriram os céus, provocando o dilúvio que logo se vaporizava ao contato com a lava cuspida pelos vulcões. Crateras abertas pelos meteoritos, gigantescas bacias, acolhiam sequiosas as chuvas que transbordavam em volumosas enchentes, rasgando rios e inundando mares.

Após um bilhão de anos sob o calor do Sol, a Terra tornou-se um deserto de montanhas de lava em fusão, vomitando gases e vapores que se acumulavam no céu para tecer o fino e delicado manto da atmosfera com as linhas do gás carbônico, do amoníaco, do monóxido de carbono, do nitrogênio e do hidrogênio — cortina desfraldada no horizonte até então vazio. Milhões de anos depois, a lava transformar-se-ia numa pasta quente, sobre a qual pés bem protegidos poderiam andar. Imensas nuvens se condensaram no céu e a chuva desabou interminável como no prelúdio garciano de

Cem anos de solidão. Choveu séculos, inundando este planeta que, visto de fora, mereceria ser batizado de Água, e não de Terra. O turbilhão aquoso, entornando-se pelas bordas das depressões e configurando limites do que é terra e do que são lagoas, rios e mares, vociferava em ondas gigantescas que talhavam, com suas línguas afiadas, o contorno de pedras e montes, escarpas e montanhas, modelando, num ponto do planeta, um penhasco belvedere e uma rocha cônica que seriam conhecidos como Corcovado e Pão de Açúcar, milênios mais tarde.

Na colossal enxurrada, moléculas primitivas fracionaram-se atingidas pelos raios ultravioleta do Sol. Náufragos lúcidos, algumas se agarraram uma na outra e fundiram-se num só corpo, engendrando aminoácidos — a matéria-prima da vida. E, muitos e muitos anos depois, movidas por uma inteligência superior ou, como insistem alguns, por um miraculoso e caprichoso acaso, essas moléculas edificariam o complexo, assombroso e sofisticado edifício do ácido desoxirribonucleico (DNA), a usina de reprodução das células. Contudo, há quem defenda, como Fred Hoyle, que a vida veio do espaço, semente de molécula de glicina cavalgando meteoritos.

Na atmosfera primitiva da Terra não havia oxigênio, e sim hidrogênio, água em abundância, gás carbônico, talvez um pouco de amônia, metano e outros gases orgânicos simples. Ora, os químicos sabem que ambientes como esse, onde não há oxigênio, tendem a estimular a síntese espontânea de compostos orgânicos. Experiências em laboratório, onde esses gases foram colocados em vidro, sob descargas elétricas simulando relâmpagos e luz ultravioleta (pois ainda não havia a camada de ozônio) mostraram que moléculas orgânicas se agregaram espontaneamente, formando blocos constituintes de RNA e DNA, purinas e pirimidinas, bem como blocos constituintes das proteínas — os aminoácidos.

*

Em relação ao Sol, Gaia, nossa *mátria,* é o terceiro planeta do sistema solar e, ao que se sabe até agora, o único onde há vida inteligente, apesar de nossas tolices. Trata-se de um planeta dançante, que gira em torno de sua própria cintura a uma velocidade de cerca de 1.700 km/h, dando uma volta completa em 23 horas, 56 minutos e pouco mais de 4 segundos. Mas a Terra não baila sozinha, gorda solitária no meio do salão espacial. Seu senhor e parceiro é o Sol. É em torno deste mestre-sala que a nossa porta-bandeira dança o samba sideral, ao ritmo de cerca de 30 km/s e completando uma volta a cada 365 dias, 6 horas, 9 minutos e 9,5 segundos.

A Terra é qual um pião que rodopia sobre si mesmo e, aos poucos, faz voltas ao redor do Sol. Quando este lado do pião em que nos encontramos vira de frente para o Sol, aqui é dia, e a luz do Sol nos impede de ver as estrelas que nunca se afastam do céu. Quando o nosso lado fica de costas para o Sol, é noite, o que nos permite contar quantos sóis brilham lá em cima. A rigor, o correto seria dizer "pôr da Terra" e não "pôr do Sol", pois é o nosso planeta que, em rotação, se põe de costas para o astro que o ilumina.

Para calcular a idade de Gaia, não basta reparar em suas rugas. Temos de partir de Darwin. Se as espécies evoluíram através de mutações aleatórias de baixa frequência individual e da seleção natural até atingirem toda essa rica e complexa diversidade que agora a natureza exibe, então o passado da Terra não pode estar encerrado na pequena garrafa de 6.000 anos sugeridos por alguns clérigos. Como sabem os mineiros de carvão em Santa Catarina, ou aqueles que, em Minas, extraem ouro das entranhas da mina de Morro Velho, a Terra é mais quente em seu interior do que na superfície. Na infância, era uma bola de fogo que, na adolescência, se resfriou. Se o calor que sentimos viesse apenas do Sol, ao entrar numa mina ou estação de metrô sentiríamos frio e não calor. Portanto, lá no centro de Gaia, a exatamente 6.400 km deste chão que pisamos, bate inflamado o seu coração, irradiando calor em direção à superfície. E graças à energia nuclear, hoje sabemos que a idade da Terra é quase a mesma do Sol, já que este nosso planeta não passa de uma fatia da estrela que nos aquece.

O nosso sistema solar tem cerca de 5 bilhões de anos, tempo em que o Sol exala o seu brilho. Os astronautas da *Apollo* recolheram na Lua rochas com cerca de 4 bilhões e 600 milhões de anos. Essa é também a idade média dos meteoritos que caíram na Terra. A degeneração do material radioativo que mantém a Terra quente começou também há 5 bilhões de anos. Todo material radioativo tem sua média de vida, no decorrer da qual metade de seus átomos se decompõe em outro elemento mais leve. Uma certa quantidade de carbono contém sempre alguns átomos de carbonos 12, 13 e 14, dependendo da quantidade de nêutrons no núcleo. O carbono 14 é radioativo e, com o tempo, perde nêutrons, transformando-se em carbono 12. Pelo método de datação radiométrica, se num material compararmos a quantidade de carbono 14 com a quantidade de carbono 12, podemos obter a idade daquela amostra de carbono.

Tudo que na Terra tem vida contém carbono, dos peixes às palmeiras, das orquídeas ao cérebro humano. A vida média do carbono 14 é de 5.570 anos. Depois dessa idade, em qualquer amostra de material, metade dos átomos de carbono 14 se transforma em átomos de carbono 12. Quanto mais carbono 12 e menos carbono 14, mais velho é o objeto. E se for tão antigo que não nos forneça senão escassas amostras de carbono 14, então podemos investigar seus outros elementos radioativos mais duradouros, como o urânio 238, que tem vida média de mais de 4 bilhões de anos.

Esse processo de datação não é preciso. Os seres vivos ingerem vários tipos de carbono enquanto respiram. Só quando morrem começa a rodar o taxímetro do carbono 14. Assim, a medição radiométrica pode perfeitamente equivocar-se ao partir da suposição de que a quantidade de carbono 14 existente no meio ambiente na época em que viveu aquele ser era a mesma de hoje. Como o carbono 14 resulta da colisão de partículas subatômicas contidas no espaço com átomos da atmosfera superior da Terra, pode muito bem ter ocorrido, há milhares de anos, uma tempestade de partículas subatômicas sobre o nosso planeta, aumentando assim a quantidade de carbono 14. Nesse caso, o resultado preciso de sua datação radiométrica não pode ser alcançado. Portanto, em se tratando de seres vivos, pode haver problemas. Mas no caso do colar indígena ou de outros materiais inorgânicos, nada impede que encontremos átomos radioativos mais velhos do que a própria Terra, pois seus taxímetros podem ter começado a rodar com a explosão de uma estrela morta no tempo em que o Sol ainda era apenas um pequeno olho brilhante na ponta de um tapete nebular.

Se no sudoeste da Groenlândia já foram encontradas rochas radiometricamente datadas em 3 bilhões e 700 milhões de anos, a Terra não pode ter menos do que isso. Se considerarmos que o nosso planeta nasceu como uma bola de fogo que precisou de tempo para resfriar-se até formar a crosta terrestre, então se conclui que ele é mais antigo ainda. A natureza nos deixou incontáveis registros a respeito de sua própria história. São as pedras de Roseta que desafiam a nossa inteligência, à espera de que sejamos capazes de aprender a sua linguagem para, então, decifrar a sua mensagem em código. A natureza, como a nossa intuição, surpreende, mas jamais blefa e, em geral, manda aviso prévio antes de dar uma nova arrumada na casa.

A Terra, desolada, desaparecerá quando o Sol se exaurir. Sufocada pelo astro muito rubro e dilatado, ela acordará em seu último dia, quando já terão passado os 5 ou 8 bilhões de anos que restam de vida para o Sol. Na superfície terrestre, nenhuma forma de vida, em condições normais, suportará tanto calor. O Polo Ártico e a Antártida derreter-se-ão como sorvete nas mãos de um garoto trancado na sauna. O nível do mar subirá como leite fervido. O oceano aquecido liberará uma quantidade de vapor d'água que recobrirá o planeta de espessa nebulosidade. Paradoxalmente, essas nuvens protegerão a Terra da incidência dos raios solares, prolongando o seu fim. Mas isso não impedirá os oceanos de atingirem o ponto de ebulição e, inexorável, a atmosfera evaporará, dissipando-se no espaço. Como previram os astecas, a semente da Terra terá terminado e as estrelas serão recolhidas do céu.

Naquela manhã, os olhos de seres inteligentes que por acaso se encontrarem fixados sobre o nosso planeta, protegidos do excessivo calor, contemplarão um inusitado espetáculo: o coração solar sofrerá uma súbita e agitada contração, tomado por um infarto, e seu halo se desprenderá como um lenço etéreo que a força da ventania arranca dos ombros de uma mulher. Seu raio se tornará 100 vezes maior, e todo o espaço circundante logo será tragado por uma nuvem vermelha que rapidamente cobrirá Mercúrio, Vênus e, em seguida, a Terra. Já nenhum espectador terrestre verá o coração desnudado do Sol, rico em hélio, explodir e transformar-se numa obscura estrela anã. A nuvem vermelha semeará novas estrelas e planetas nos campos siderais.

Se seres humanos sobreviverem ao triste espetáculo de ver sua morada destruída para sempre, será graças ao acesso às naves interestelares que os conduzirão, através da Via Láctea, a outros sistemas solares. Há, porém, o risco de a vida na Terra desaparecer no dia 21 de agosto de 2126, data na qual se prevê a passagem de um grande cometa, o Swift-Tuttle, pelas vizinhanças do nosso planeta. O impacto com a Terra equivaleria a 1 milhão de bombas nucleares. Este cometa foi avistado pela primeira vez em 1862 e redescoberto em setembro de 1992. Ele viaja a uma velocidade de 60 km/s. Quanto mais próximo do Sol, maior será sua velocidade. Em agosto de 2126, ele cruzará com a Terra, mas, graças a uma diferença de duas semanas, não nos atingirá. Entretanto, ele não seria a nossa única ameaça, considerando que existem cerca de 3 mil asteroides com mais de 1.000 m cruzando a órbita da Terra, e apenas 150 estão catalogados. Um deles, com 2 km de diâmetro, destruiria 75% da vida em nosso planeta. Há 65 milhões de anos, uma colisão destas teria exterminado os dinossauros. Em 1908, um asteroide de 60 m de diâmetro caiu numa região remota da Sibéria, arrasando uma área do tamanho de Nova York.

A vida na Terra continua a ser uma questão de sorte. Não pelo perigo representado pela sucata sideral, mas pela injustiça que, ainda hoje, impede a maioria da população de acesso aos meios elementares de sobrevivência.

12

O MISTERIOSO APARECIMENTO DA VIDA

Qual o início de toda a matéria?
A existência que se multiplicava por si mesma
pelo mero deleite de existir,
precipitando-se em trilhões de formas
a fim de poder encontrar-se inumeravelmente.

Sri Aurobindo

Um versículo do Evangelho de João, o nº 10 no capítulo 10, resume todo o significado da missão de Jesus: "Vim para que todos tenham vida e vida em abundância." Este é o valor primordial da condição humana, sem o qual nenhum outro é possível. Não é um milagre que estejamos aqui vivos, imprimindo sentido à luminosa cegueira do Universo, cujo espelho são os nossos olhos e a nossa mente? Com certeza, Júpiter não sente a menor dor, nem uma simples cócega, sob o impacto dos fragmentos dos cometas que lhe dilaceram os costados. Mas nós, homens e mulheres, *voyeurs* atrevidos, com o olhar ampliado por possantes telescópios, contemplamos o espetáculo sideral, ao mesmo tempo em que sofremos com a palavra amarga que ressoa em nosso coração ou com a doença que ameaça o nosso organismo.

Em nosso planeta, somos os únicos seres que sabem que a morte é o seu destino inelutável. A consciência da extinção nos impele à busca da imortalidade, até mesmo ingressando em academias literárias onde uns tantos autores sobrevivem às suas próprias obras. Por isso, imprimimos sentido à existência e conferimos a cada gesto e coisa valor simbólico. A mão é ferramenta e cuia e pinça e afago e toque carinhoso. A flor é simples vegetal e obra de arte e expressão de sentimentos e intenções e, ainda hoje, o único presente que remetemos aos nossos mortos. E uma rosa é uma rosa é uma rosa, como bem declamou Gertrude Stein.

No entanto, quanto vale a vida num país como o Brasil? E o que é a vida? Dom maior de Deus, aos olhos da fé; milagre da natureza, aos olhos da ciência. Ainda assim, um mistério.

A vida surgiu, provavelmente, há cerca de 3 bilhões e 500 milhões de anos. É possível que, em seus primórdios, a Terra não tenha sido um lugar calmo no qual a vida pôde emergir lentamente — talvez a partir de interações químicas nos oceanos. Há quem defenda a *panspermia* — teoria de que a vida veio do espaço. No berço das nuvens interestelares, a matéria cozida pelas estrelas supernovas pode ter produzido aminoácidos, tijolos básicos da vida. Em 1969, um meteorito caiu em Murchison, na Austrália. Ele continha mais de 400 compostos orgânicos. O químico britânico A. Graham Cairns-Smith acredita que as primeiras reações químicas que produziram as substâncias essenciais ao advento da vida — açúcares, aminoácidos, lipídios etc. — ocorreram com a ajuda de cristais, entre os quais a argila. A se confirmar tal hipótese, dirão que a Bíblia tinha razão... Outros cientistas, como Leslie Orgel, abraçam a ideia de que houve uma molécula mais simples — o PNA, ácido nucleico petídeo —, precursora do RNA, que é o responsável pela síntese das proteínas na maioria dos organismos vivos. O PNA teria sido a primeira molécula capaz de se autorreplicar.

Não obstante, há quem prefira a hipótese, que não é incompatível com a panspermia, de que a vida, tal como existe hoje na Terra, nasceu no fundo dos mares. A descoberta de 11 linhagens de micróbios fossilizados, espécie de algas azuis, em Marble Bar, na Austrália, em 1993, demonstra que eles datam do período Arqueano, há 3,5 bilhões de anos. Alguns se parecem com as bactérias atuais e tudo indica que faziam a fotossíntese, o processo pelo qual os seres vivos aproveitam a luz do Sol para elaborar seus nutrientes.

Existe uma tendência de a matéria inerte estruturar-se para se tornar matéria viva. É no mundo molecular que isso ocorre, segundo leis ainda desconhecidas pela ciência. Aliás, não é só o modo como a matéria inanimada se transformou em organismo vivo que intriga os cientistas. Também o que veio primeiro, o ovo ou a galinha? Os ácidos nucleicos que contêm o material genético ou as proteínas? O que se sabe é que certas moléculas ou aglomerados de moléculas agem de um modo estranhamente "inteligente". "O que é espantoso — constata Ilya Prigogine, prêmio Nobel de Química — é que cada molécula sabe o que as outras moléculas farão ao mesmo tempo que ela, e a distâncias macroscópicas. Nossas experiências mostram como as moléculas se comunicam."

Em cada partícula, átomo ou molécula, algo *informa* a natureza, qual uma Consciência onipresente e que se manifesta em cada ser de acordo com a sua potencialidade de vida. Tudo indica que a evolução do Universo segue um rumo, a natureza tem uma direção, os seres vivos possuem um eixo e a vida humana tem um sentido. Como assinalou Teilhard de Chardin, há no cosmo uma passagem do menos complexo para o mais complexo, da dispersão à ordem, do inerte ao vivo. E a força que comanda essa evolução é algo interior à matéria, como é também interior a cada um de nós. Resta-nos saber captá-la, pois tanto o Universo, como cada um dos fenômenos físicos que tecem o seu estofo, incluindo homens e mulheres, representam muito mais do que a soma de suas partes.

A ciência ainda não consegue explicar como átomos e moléculas se reúnem para formar a célula, filha de moléculas replicantes. Uma coisa é certa: todas as formas de vida possuem o mesmo tipo de código genético. Isso comprova que há um parentesco evolutivo entre bactérias e camarões, baleias e coqueiros, orquídeas e mulheres. Há proteínas semelhantes nas bactérias e nos seres humanos. Obra de arte, a célula congrega cerca de 20 tipos de aminoácidos — o alfabeto de todos os seres vivos — que, por sua vez, dependem de aproximadamente 2 mil enzimas específicas. Biólogos calcularam que possibilidade existe de mil enzimas se acercarem ordenadamente até produzirem uma célula viva. O resultado é de $10^{1.000}$ contra 1! A mesma probabilidade que você tem de a gema e a clara de seu omelete se reconstituírem no ovo ou de o dicionário embutido num computador ser atacado por um vírus que misture de tal modo os vocábulos que resulte num texto como *Grande sertão, veredas*, de Guimarães Rosa. O que levou um dos descobridores da estrutura do DNA, Francis Crick, prêmio Nobel de Biologia, a reconhecer: “Um homem sensato, armado de todo o saber à nossa disposição hoje, teria a obrigação de afirmar que a origem da vida parece atualmente dever-se a um milagre, tantas são as condições a reunir para viabilizá-la."

A criaçao da vida permanece, pois, uma incógnita. Ignora-se como inanimadas moléculas se combinam em mecanismos tão complicados, a ponto de criar duplicatas de si mesmas. Porém, nenhuma dúvida resta de que a vida nasceu de um aglomerado de moléculas. Solta por aí, exposta aos maiores perigos e contando com muita sorte, a vida — que surgira de "uma sopa muito apetitosa", na expressão de Crodowaldo Pavan — tornou-se, neste planeta, a senhora dos mares, dos solos e dos ares. Seus descendentes inundaram os oceanos, povoaram as mais elevadas montanhas, incrustaram-se entre as rochas da Antártida e as areias dos desertos.

Nas profundezas marítimas não há luz do Sol nem plantas verdes. Ali, as criaturas buscam os orifícios que, como poros, exalam o calor da transpiração do magma no interior do planeta. Ao se encontrar com o basalto quente por baixo do solo marítimo, a água impregna-se de gás sulfídrico, aquele composto de enxofre com cheiro de ovo podre. Para o ser humano, o gás sulfídrico é letal, mas para as bactérias submarinas é um manjar dos deuses netunianos. Elas comem o sulfureto, processando-o, como as plantas fazem com a luz do Sol, e produzem amidos e açúcares, multiplicando-se aos milhares. Junto aos orifícios, aqueles seres leitosos parecem fumaça de chaminé. E assim como os animais comem as plantas, esses seres marítimos comem bactérias.

O calor junto aos orifícios infraoceânicos criou condições para a vida se desenvolver. Ali no fundo, na infância de Gaia, todos os ingredientes da receita estavam presentes, como o hidrogênio, o oxigênio, o carbono, o metano e a amônia. E qual seria o ponto deste delicioso manjar — por vezes doce, muitas vezes salgado, amargo ou apimentado — chamado vida? A que temperatura deveria ser cozido na água? Até hoje ninguém conhece a receita em detalhes. É provável que o Grande Cozinheiro, cioso de seu talento, tenha guardado o segredo só para si.

Sabe-se, porém, que o magma, a mais de 1.000°C, eleva a água que toca a 600°C. E à medida que parte da cordilheira submarina emergiu, como a Islândia, trouxe a vida à superfície, expondo-a aos olhos do Sol, cuja radiação ultravioleta é mortal. Se hoje ela suporta a superfície é porque a maior parte dos raios ultravioleta está bloqueada pelos óculos *ray-ban* do planeta, a camada de ozônio, que lhe dá proteção, já que o oxigênio livre resulta da fotossíntese. Mas isso levou tempo. Portanto, tudo indica que a vida começou à sombra, entre rochas aquecidas, no fundo dos mares. Nesse sentido, estaria com a razão Tales de Mileto que, no século VI a.C., defendeu que "a água é a causa material de todas as coisas".

Nada impede que a vida tenha se reiniciado na Terra por diversas vezes. Na ebulição solar, asteroides e cometas que circulavam atraídos pelo Sol formaram os planetas. Porém, pedaços menores corriam velozes aturdidos por forças gravitacionais que puxavam de todos os lados. Asteroides com mais de 100 km de diâmetro bombardearam a Lua, abrindo suas secas crateras, simétricas em seu diâmetro. Se atingiram a Lua, e hoje atingem Júpiter, é bem provável que tenham atingido a Terra, que é maior do que a Lua e, portanto, exerce maior força de atração. Basta um asteroide com 400 km de largura, como os que ainda existem no sistema solar, para produzir energia capaz de fazer evaporar todos os oceanos. O impacto de um deles, abrindo cratera de centenas de quilômetros de diâmetro, pode ter produzido energia bastante para esterilizar a superfície do planeta, matando todos os organismos vivos. As rochas vaporizadas pela explosão teriam desprendido névoas de gases quentes. A temperatura, subido para 2.000°C, e a pressão atmosférica sido multiplicada por 100. Os oceanos, como água sobre o bico de gás, teriam entrado em ebulição. Catástrofes assim eram comuns há 4 bilhões de anos, quando o sistema solar estava repleto de asteroides deixados pelo processo de formação dos planetas.

Não seria a profundidade de certos mares terrestres o resultado deste impacto? Ao se chocarem, asteroides e cometas transformaram as águas em vapor, aquecendo a Terra e eliminando toda forma de vida. Porém, milhões de anos depois, resfriada a atmosfera, o vapor condensou-se em água e a água desceu em chuvas e as chuvas encheram a banheira oceânica, permitindo a vida renascer. De uns 3 bilhões de anos para cá, aerólitos do porte desses que, em 1994, bombardearam Júpiter, já não caíram sobre a Terra. Mas outros, menores, teriam contribuído para a extinção dos dinossauros e volatilizado parte das águas dos oceanos, impedindo que os micro-organismos, que dependem da fotossíntese, pudessem sobreviver. Porém, o fundo dos mares estava protegido desses bombardeios, como abrigos de mísseis. Lá, onde águas quentes afloram do magma, tais fontes emitem substâncias químicas como sulfeto de hidrogênio. Graças ao vício das bactérias termófilas, que ingerem sulfeto e, como boas viciadas, dispensam a luz solar, manteve-se a cadeia alimentar que nutre outros animais marinhos.

*

Qual botão de alvíssaras primaveras, há pouco menos de 4 bilhões de anos, quando a Terra se libertou do inferno que deu origem ao sistema solar, a vida entrou em cena, irrompendo de substâncias químicas simples, como ácidos nucleicos e proteínas. No caldo primevo, despontou o mais remoto ancestral do ácido desoxirribonucleico, o DNA. No início, relâmpagos e raios ultravioletas tomaram pelas mãos moléculas simples e, no banho revitalizador dos mares, onde mergulhavam vaidosas e narcísicas, houve o encontro casual de moléculas que desempenhavam as mesmas atividades, favorecidas pelo crivo da seleção natural. As que foram capazes de se autorreduplicar mais cópias geraram. Dessa empatia brotou uma molécula — o DNA, ou possivelmente o ácido ribonucleico, o RNA — que, em etapas futuras, permitiram o aparecimento da célula que, mais tarde, foi capaz de utilizar a luz do Sol e produzir alimentos para si e para o resto do mundo vivo.

As primeiras moléculas que deram origem aos seres vivos tinham fartura de alimento. Flutuavam num mar de moléculas orgânicas que não tiveram competência, bênção ou sorte de se tornarem vida. As fendas quentes dos fundos dos mares, os relâmpagos e os raios ultravioletas abasteciam-nas com novos suprimentos de aminoácidos. Mas, à medida que as células entraram em explosão demográfica, reduziram-se as reservas de moléculas orgânicas. É possível que a vida tenha sido seriamente ameaçada. Mas, na desesperada luta pela sobrevivência, umas poucas células heroicas e inteligentes criaram, como novo mecanismo de sobrevivência, a fotossíntese. Usaram a luz solar para construir nelas próprias um sistema capaz de abastecê-las de frescas moléculas orgânicas.

O fenômeno da vida correu o risco de ser tão breve quanto um piscar de olhos. Individualmente considerada, a vida é um piscar de olhos. Mas sua multiplicidade, ao longo do tempo, traduz-se na bela história de adaptação a situações plurais. Para crescer, multiplicar-se e fazer reparações, a célula necessita de energia solar e materiais de construção. O Sol fornece a energia, mas não a matéria-prima dos átomos, produzida pelo forno das estrelas, e os tijolos das moléculas orgânicas, advindas dos mares e da primitiva atmosfera.

Há cerca de 3,5 bilhões de anos, algas ou cianobactérias, de cor verde-azulada ou azul-esverdeada, multiplicaram-se desenfreadamente, tornando-se senhoras do planeta. Cada vez que uma delas quebrava uma molécula de água e incorporava o hidrogênio, o restante — o oxigênio — era liberado. Esse lixo retornava à água. Ora, o oxigênio, imprescindível à nossa vida, é altamente reativo, capaz de queimar tecidos vivos, corroer ferro e deteriorar o casco dos mais modernos transatlânticos. Até então não existia oxigênio livre na Terra, pois teria queimado quimicamente os aminoácidos e evitado a agregação das moléculas orgânicas, impedindo o alvorecer da vida. De modo que as algas começaram a poluir o planeta. No início, tanta era a quantidade de sais ferrosos suspensos no mar, que o oxigênio demoraria muito a atingir o volume capaz de oxidar todo aquele ferro. Formaram-se nos oceanos grandes jazidas de ferro. Quinhentos milhões de anos depois, as algas continuavam espalhando oxigênio em quantidade preocupante. Já não havia sais ferrosos dissolvidos no mar, e o gás letal subira à atmosfera. Como os raios ultravioleta ainda impediam vida na superfície terrestre, quase nada foi afetado. Mas as próprias algas, acostumadas a baixos níveis de oxigênio, começaram a se sentir ameaçadas. A vida viu-se obrigada a dar outro salto.

Um grupo de células desenvolveu novas enzimas, capazes de processar os compostos letais do oxigênio contido nas moléculas orgânicas, transformando-os em compostos inofensivos. Enzimas são moléculas de proteína, e há 2 mil tipos diferentes. Cada enzima é formada por cerca de 6 mil átomos e provoca uma reação química específica. E cada célula, inclusive as dos nossos corpos, contém cerca de 1 milhão dessas indústrias proteicas chamadas enzimas. Enquanto as demais células morreram sob a pior poluição já havida no planeta, as que fabricaram enzimas especiais sobreviveram, pois sabiam ou podiam tolerar o oxigênio. E foram mais longe, a ponto de extrair energia do oxigênio: inventaram a respiração. Deram a volta por cima e multiplicaram-se nos mares. E o oxigênio, subindo à atmosfera, formou a camada de ozônio, reduzindo drasticamente a incidência dos raios ultravioleta que atingiam a Terra. Então, as células migraram dos mares à terra.

No decorrer de mais da metade do tempo da evolução biológica, bactérias e amebas, organismos unicelulares, reproduziam-se por simples divisão celular e, assim, sobreviviam em sua progênie. Esses procariotos não precisavam de oxigênio livre que, se existia na atmosfera, era em quantidade mínima. Porém, com o aparecimento dos micro-organismos, o meio ambiente sofreu alterações. Nos 2 bilhões de anos seguintes, os seres vivos produziram oxigênio pela fotossíntese, espalhando-o por toda a atmosfera. Assim, preparou-se o terreno para a evolução de células que respiram oxigênio — as que obtiveram grande sucesso no espetáculo da evolução biológica.

Depois, vieram os eucariotos, organismos unicelulares mais complexos, cujo material genético está concentrado no núcleo da célula. Teriam os seres unicelulares deixado fósseis? Nos anos 1950, o microscópio mostrou restos fossilizados de células separadas, ou ligadas uma a outra, na rocha de sílex córneo, uma espécie de quartzo, próximo de Thunder Bay, nos Estados Unidos. Havia uma criatura em forma de estrela, batizada de *Eoastrion,* que significa "estrela da madrugada". Com cerca de 2 bilhões de anos, era três vezes mais antiga que a mais velha das trilobitas. Mas ao oeste da Austrália, em fins da década de 1970, nas rochas de Warrawoona — com 3,5 bilhões de anos — foram encontrados microfósseis. Se aí não se incrustaram depois, hipótese que não está afastada, aquelas células são os nossos verdadeiros Adões e Evas.

Foi a partir do último bilhão de anos que os seres vivos desenvolveram o sexo e um pequeno acidente genético — talvez a impossibilidade de uma célula se desgarrar de suas filhas após gerá-las — permitiu o aparecimento dos primeiros organismos multicelulares. Antes que o sexo fosse desenvolvido, novos organismos só podiam surgir pelo acúmulo de mutações fortuitas, em geral modificações aleatórias na escrita da linguagem genética, peneiradas pela seleção natural. Com o sexo, dois organismos podiam sussurrar e, assim, permutar todas as letras e segredos do código genético. Durante muito tempo, a vida existiu apenas na forma de algas mergulhadas nos oceanos. Houve, então, uma revolução atmosférica. As plantas verdes, que pululavam nos mares, começaram a produzir oxigênio molecular, que invadiu o espaço até então ocupado principalmente por hidrogênio e, depois de oxidar quase todo o planeta, acumulou-se na atmosfera, tornando possível a multiplicação dos seres vivos e modificando a paisagem terrestre, na qual reinava a matéria inerte.

As primeiras plantas e os seres eucariontes vicejaram há pouco mais de 1 bilhão de anos, oferecendo à vida o alimento de que necessitava. Iniciava-se, com o reino vegetal, a colheita dos fótons projetados pelo Sol, cada folha transformada numa diminuta usina química de processamento da energia solar. Desde então, os vegetais assimilam a luz do Sol que ativa o laboratório químico de suas células, os cloroplastos, que produzem hidratos de carbono, como açúcares e amidos. E todos os seres vivos sobre a superfície terrestre, carnívoros ou não, obtêm hidratos de carbono proveniente das plantas. Se um cão não come vegetais, ele come a carne do animal vegetariano.

As rochas, ruborizadas pelo olhar vigoroso e invasivo do Sol, quiseram se cobrir de pudor. O oxigênio inundou a atmosfera terrestre, favorecendo a fértil e farta proliferação de organismos aeróbios. Todavia, ainda que tão celebrado por tantos seres vivos, o oxigênio é um veneno que, ao tornar a atmosfera oxidante, ameaça a matéria orgânica que não se encontra suficientemente protegida. Assim, seu advento marcou o fim de milhares de micro-organismos que pululavam pela superfície do planeta. As plantas, entretanto, produzem, além do oxigênio, outros gases que, como o nitrogênio, compõem a atmosfera da Terra. Ao respirar, o ser vivo respira vida.

Contudo, a vida é uma coisa ínfima, se comparada à imensidão do Universo. Num comprimento de 100 metros, ela ocuparia apenas 1 milionésimo de centímetro.

Com o advento do sexo, a evolução biológica entrou em ritmo ascendente. Já não era bom que micro-organismos unicelulares permanecessem sós. E foi dado a eles o prazer irresistível de se unirem e multiplicarem. Porém, como não há bem que sempre dure... um novo e aterrorizador fenômeno surgiu na evolução: a morte como ápice do ciclo vital do indivíduo. Até então, os seres vivos duplicavam-se, gerando novos seres a partir de si mesmos.

Pouco depois, cerca de 600 milhões de anos Antes do Tempo Presente, surgiram, no leito desaquecido dos oceanos, os platelmintos e as águas-vivas, os primeiros animais. Vieram em seguida os artrópodes, as esponjas e os celenterados de Chengjiang, como se suas carcaças tivessem sido concebidas pelo desenho de um Hieronymus Bosch. Seus fósseis mais antigos são do Período Cambriano, há 570 milhões de anos. Rochas com esta idade contêm trilobitas e algas. Mas as trilobitas não foram os primeiros seres vivos, pois continham bilhões de células. E não eram muito mais primitivas do que antílopes, baleias azuis ou sequoias de hoje.

Só há 530 milhões de anos começaram a proliferar novas formas de vida. Talvez um erro no computador de uma célula de alga, ou a abundância de oxigênio na atmosfera, tenha sido o suficiente para causar a explosão cambriana. Os animais já podiam se dar ao luxo de consumir energia na fabricação de seus esqueletos. Com olhos de cristais para detectar a luz polarizada, esqueletos e membros articulados, surgiram os trilobitas que, em grupos, caçavam no leito marítimo. E, ao lado deles, marella, yohoia, opabinia, burgessia, o enigmático nectocaris, o fabuloso hallucigenia e toda a inestimável fauna de Burgess Shale. E também muitas outras espécies já desaparecidas. Depois vieram os peixes e os demais vertebrados, répteis e pássaros, árvores, cetáceos e primatas. O Universo ganhava olhos e ouvidos para apreciar sua própria beleza.

A vida gerada nas águas transferiu-se à terra seca há 425 milhões de anos. Logo, os primeiros insetos descobriram a arte de voar, enquanto os vertebrados povoavam a superfície do planeta. Quando a vida se aprimorou, há 200 milhões de anos, a estrutura biológica associou sexo e ternura celebrando, com os primeiros mamíferos, o advento da educação. No período Cretáceo, encerrado há 70 milhões de anos, as primeiras aves riscaram os céus enquanto, no solo, os dinossauros esmagavam árvores frondosas como se fossem palitos. Vinte milhões de anos depois, a crosta terrestre ocidental cindiu-se como um biscoito, e as águas invasoras alargaram a fenda, formando o oceano Atlântico, que passou a dividir, de um lado, a América, e de outro, a África.

Os pré-primatas apareceram há 70 milhões de anos. Logo, viram-se na companhia dos primitivos gatos, cães e cavalos. Cinquenta milhões de anos depois, macacos e micos se enveredaram por um caminho evolucionário próprio. Então, a atmosfera adquiria sua atual composição química.

Há 15 milhões de anos, no Polo Sul, uma massa continental de mais de 14 milhões de km^2 — quase o dobro do território do Brasil — cobriu-se de uma compacta camada de gelo, como ocorre nas paredes do refrigerador. Assim, formou-se a Antártida.

Quatro milhões de anos depois, animais de pasto proliferavam em terras secas e quentes.

A evolução gestava, por misterioso capricho, o prelúdio que faria sua mais bela obra — a vida — culminar no aparecimento de seres inteligentes abertos à transcendência: homens e mulheres.

13

O SER HUMANO, UMA OBRA-PRIMA

No paraíso de Indra crê-se que há uma rede de pérolas,
dispostas de tal forma que, ao olhar uma delas,
vemos refletidas nela todas as demais.

Sir Charles Eliot

Guardamos a data de nosso aniversário. Os que se interessam pela astrologia procuram saber até mesmo a hora e os minutos em que vieram a este mundo. De fato, não nascemos no dia em que nascemos. A data do aniversário marca apenas o dia em que nos tornamos presença, um com os outros, numa qualidade de relação muito diferente daquela que precedeu o nosso natal.

Antes do parto, ali estávamos, há meses, abrigados no útero materno. Perdura em nós certa nostalgia daquele espaço-tempo de pura fruição e nutrição, quando se formaram os nossos órgãos, a delicada cartilagem que se tornaria o nosso esqueleto, os membros e a cabeça que, além do cérebro, guarda sete janelas de quatro dos cinco sentidos. Terra e semente regadas a ternura. Antes que emergisse a nossa consciência, já éramos na consciência de nossos pais. Não só projeto, mas também ato; não só verbo, mas também carne, em gestos e sussurros que unem corpos e espíritos, e fazem do amor sedutora liturgia, cujos signos arranham delicadamente o silêncio, reviram a morte pelo avesso e irrompem em êxtase, trazendo, na perda de si, o encontro com o outro. Ali brotou o nosso ser.

A espécie humana teve início há cerca de 10 milhões de anos, quando despontaram animais com o cérebro desproporcionalmente crescido em relação ao tamanho do corpo. As cinzas da explosão primeva, entranhadas em corpos vivos, na forma de fosfato e carbono, e enriquecidas por enzimas e proteínas, emergiam lentamente na direção da consciência. Era o primeiro sintoma de que a natureza seguiria pelo caminho que conduziria ao advento da nossa espécie.

Da família de chimpanzés nasceu, há 5 milhões de anos, um ou mais descendentes, que dela se distinguiam por características que começavam a delinear traços humanos. E 1 milhão e 300 mil anos depois, ele já andava, apoiando-se de preferência nas patas traseiras. Porém, aquele que é considerado o primeiro ancestral de nossa espécie — o *Homo erectus* — só viria a surgir, talvez na China ou no sudeste da África, há cerca de 2 milhões de anos. Sua consciência reflexa despontaria no *Homo sapiens* há 200 mil anos. E há 50 mil anos, em estrutura e tamanho, o corpo e o cérebro de homens e mulheres já não mais sofreram alterações marcantes. Aos poucos, eles conseguiram controlar o uso do fogo, manifestar-se através da linguagem, revelar seus sentimentos e imitar o canto dos pássaros e dos ventos por instrumentos musicais; desenvolver técnicas agrícolas que permitiram a reprodução dos alimentos; juntar animais em rebanhos, fisgar peixes com anzóis, e ampliar a palma das mãos, fabricando vasilhas de cerâmica; decifrar os ciclos da natureza e o percurso do tempo pelo uso do calendário;

fundir o cobre para reforçar seus artefatos; criar sinais gráficos de reprodução da linguagem e elaborar a escrita. Cessada a evolução genética em seus aspectos mais aparentes, iniciou-se o desenvolvimento social e cultural.

Os seres vivos, em sua maioria, incluindo os humanos, são feitos de água, que representa a maior parte do seu peso. Tanta água parece comprovar que a vida teve início nas profundezas oceânicas. As células nos obrigam a conter "mares" em nosso organismo, o hábitat líquido sem o qual não podem prosseguir as reações químicas que tornam possível a continuidade da vida. Você e eu somos coleções de água e moléculas orgânicas. E quer saber de uma coisa: se juntarmos a matéria-prima de que somos feitos, não vamos obter por ela, no mercado, nem o preço de uma camisa nova. À água não se dá o valor que tem, exceto quando ela falta. O carbono é encontrado na forma de carvão. O cálcio, como giz; o nitrogênio de nossas proteínas, como ar; o ferro em nosso sangue, como pregos enferrujados. Somos uma mistura de átomos, e a química da vida é, predominantemente, a química do carbono.

O diamante é a pedra mais dura — e mais bela — que se conhece, embora não passe de um pedaço de carbono comum, como a grafite de um lápis. A diferença é que, nos primórdios da Terra, o calor e a pressão do magma do centro de nosso planeta cozinharam o carbono a 3.815,5°C, ponto de fusão duas vezes maior que o do aço, transformando-o em diamante. Grafite e diamante são cristais de carbono puro. Diferem apenas no padrão geométrico de aglutinação dos átomos. Nos diamantes, eles se agrupam num padrão tetraédrico, extremamente estável. Por isso são tão duros.

Diamond is forever. Nas grafites, em hexágonos lisos, há uma ligação frágil em camadas que deslizam uma sobre a outra, razão por que a grafite parece escorregadia e é utilizada como lubrificante.

Carbono e água são indispensáveis à vida. Todos os seres vivos são cerca de 80% água. Se desidratamos o nosso corpo, metade do seu peso restante é carbono, um intermediário químico entre metais e não metais. A água é o mediador universal às reações químicas simples e complexas. E o carbono, um excelente parceiro, que se dá bem com a maioria dos elementos químicos e, além disso, é generoso, pois forma longas cadeias consigo mesmo, nas quais a vida se estrutura.

*

Uma pessoa de 60 kg é um colossal edifício de trilhões de células, todas provenientes de uma única: o óvulo fertilizado. Portanto, todas são irmãs, primas, tias; enfim, parentes. Um óvulo é 1.800 vezes maior que um espermatozoide. Uma única célula humana teria condições de armazenar informações contidas em três ou quatro coleções de 30 volumes da lista telefônica da rede comercial conhecida como Páginas Amarelas de São Paulo, cujo exemplar possui 1.288 páginas. No DNA de uma única semente de lírio há capacidade suficiente para armazenar informações correspondentes a 60 exemplares das Páginas Amarelas. Em certas espécies de amebas, o DNA contém tanta informação quanto 30 mil listas telefônicas de uma cidade com cerca de 5 milhões de habitantes. Em todas as células de uma mesma espécie, a quantidade de DNA localizada em seu núcleo é sempre a mesma, imune ao trabalho das usinas bioquímicas que operam numa substância líquida, o citoplasma, que normalmente abrange a maior parte da célula. O núcleo é para a célula o que o cérebro é para o corpo. Dentro de cada núcleo há ínfimos filamentos de cromatina, que constituem o DNA. Toda essa delicada paisagem, que aos nossos olhos se parece com pinturas chinesas em bico de pena, está revestida por uma membrana. Como observa Newton Freire-Maia, o DNA está sujeito a mutações que, individualmente, são muito raras — da ordem de 10^{-5} a 10^{-6} — mas que, no conjunto, constituem uma grande fonte de variação. Seu peso, da ordem de 1 milionésimo de milionésimo de grama, é constante, o que comprova que a célula não consome seu próprio DNA.

Porém a cromatina produz outro ácido nucleico, o RNA, que serve de mensageiro entre o templo sagrado do DNA e o meio exterior. É ele que transmite as ordens do DNA ao resto da célula, e seus produtos informam ao DNA o que ocorre no meio circundante. Encerrado em sua majestade, o DNA guarda a sete chaves o código genético, e ele é a parte principal dos cromossomos, de onde emanam as informações de como a célula deve se comportar. Nesse sentido, a célula é "inteligente". A relação entre DNA e RNA é simples; complicadas são as outras milhões de relações entre os produtos derivados do DNA, no qual está arquivada a informação hereditária que orienta a fabricação das proteínas, essenciais para que o DNA possa se duplicar.

O DNA é uma obra-prima da natureza. Influi na cor dos olhos, na ondulação dos cabelos, na intensidade do comportamento agressivo, no instinto e em milhares de outros atributos humanos. Gravado nas células de cada indivíduo, sofre raras mutações, que são de vital importância na evolução das espécies. Também pode se deteriorar. Um vírus pode alterá-lo. O DNA é exatamente reproduzido a cada vez que a célula se divide. Quando um novo ser é concebido, é gravado no "ROM" de seu DNA, para o resto da vida, um padrão novo e único de dados, copiado em todas as suas células — exceto nas reprodutoras. O DNA é também capaz de se autorreplicar, criando cópias idênticas de si mesmo — a hereditariedade — com rara e reduzida margem de erro.

A matéria-prima para produzir proteínas teve sua origem com a formação da Terra. De lá vêm o carbono, o hidrogênio, o oxigênio, o nitrogênio e os outros elementos químicos dos quais somos formados. Uma molécula de DNA humano possui cerca de 100 bilhões de átomos. O DNA fica no núcleo da célula, mas as proteínas são fabricadas fora do núcleo, no citoplasma — especificamente com o auxílio dos ribossomos que transcrevem as instruções inseridas nas moléculas de RNA. Aproveitando-se de aminoácidos provenientes dos alimentos, constroem proteínas específicas. A produção de aminoácidos é química; a de proteínas, estrutural. Em nossos corpos há mais de 50 mil espécies diferentes de proteínas, todas elas formadas pelas diferentes combinações dos mesmos 20 aminoácidos que, como as letras do alfabeto, podem ser combinados de muitas maneiras e produzem tanto as enzimas que digerem os alimentos em nosso estômago quanto os vasos sanguíneos e o tecido de nossa pele. O fato de todos os seres vivos sobre a superfície terrestre resultarem de diferentes combinações de um número limitado do mesmo material de construção — os 20 aminoácidos — demonstra que, no princípio, todos tiveram um ascendente comum, uma molécula original que escreveu o seu próprio Manual de Sobrevivência na Terra, extraindo energia do ambiente circundante e produzindo cópias de si mesma. Todo esse processo é comandado pelo DNA, o coração inviolável da célula. Quando ocorre a duplicação celular, a célula-mãe cuida para que cada filha receba partes iguais da preciosa herança de DNA.

O DNA é uma molécula enroscada numa hélice dupla, construída de acordo com um modelo universal e belíssimo. Aí reside o segredo da vida. E, sem dúvida, a obra de engenharia química mais delicada e perfeita que o ser humano conhece, encontrada em todos os seres vivos. É uma molécula longa, trançada como uma corda feita de dois cordões enrolados. Cada cordão é constituído pelo encadeamento alternado de moléculas de fosfato e de açúcar. Visto mais de perto, percebemos que os cordões, enroscados em espiral — como as cordas que os acrobatas usam no circo para alcançar o trapézio — são separados um do outro. Entre uma corda e outra do DNA há degraus ou barras — como nas escadas lançadas por helicópteros — que ligam as moléculas de açúcar de um lado ao outro. Um lado de cada barra é feito de uma substância específica, diferente do outro lado. O lado composto de molécula de adenina liga-se ao outro lado de molécula de timina. E o lado da barra de molécula de guanina liga-se ao outro lado de molécula de citosina. Só assim elas se completam, como segredo de um cofre cujo código possui apenas quatro palavras: adenina, timina, guanina e citosina.

O segredo reside no modo de combiná-las. Não há nenhuma barra metade adenina e metade citosina, ou metade guanina e metade timina. Mas pode haver outras barras seguidas de adenina-timina, uma de guanina-citosina, e mais duas de adenina-timina, seguidas por três de guanina-citosina. Nesses milhares de barras, estendidas ao longo das cordas trançadas em espiral, estão inscritos o código genético e sua mensagem hereditária. Nosso alfabeto tem 26 letras. O do DNA, 4.

O DNA de quatro letras funciona como o alfabeto Morse, que utiliza apenas um sinal curto e outro longo, ou como o computador, que se serve tão somente dos sinais zero e 1, os quais, entretanto, permitem infinitas combinações. Se pintássemos cada barra alternadamente de vermelho e preto, veríamos que, ao longo da escada do DNA, há barras dispostas na sequência vermelho-vermelho-preto-vermelho ou preto-vermelho-preto-preto, sendo que cada uma das múltiplas combinações encerra um significado genético. É dessa linguagem, produzida pelo DNA e transmitida pelo RNA, que a célula se serve para regular seu metabolismo, realizar suas funções e multiplicar-se. O DNA pode ser lido milhões de vezes, mas só é escrito uma vez, ao ser montado por ocasião do nascimento da célula que o contém. Se pudéssemos descobrir o segredo de como promover as combinações dessas substâncias, saberíamos como é possível gerar tantos homens e mulheres, através de tantos séculos e milênios, sem prejuízo da originalidade de cada modelo, e poderíamos fazer seres diferentes do que somos. Este é mais um dos elos ainda fora do nosso alcance.

Na natureza, o vivo quer sempre gerar ou expressar o vivo. Todo ser anseia formar outros seres, melhores e mais completos do que ele. Para tanto, apropria-se das substâncias inertes para transformá-las em matéria-prima de seres vivos.

O mundo vivo está fundamentalmente dividido em bactérias *versus* o resto. Diferimos das bactérias porque nossas células possuem estruturas especiais — o núcleo, que abriga os cromossomos, e pequenos corpúsculos, as mitocôndrias. Estas têm seu próprio DNA, que se propaga independentemente do DNA principal existente nos cromossomos do núcleo. A célula é mestra nessa arte de recriar seres vivos a partir da matéria inerte, como Michelangelo esculpiu a expressiva figura de Moisés desbastando o excesso de um bloco de mármore. Através de sua membrana, ela absorve matéria inerte do mundo exterior, no intuito de gerar filhas gêmeas. Assim, a expansão do vivo ocorre em progressão geométrica. E todo esse processo de desdobramento leva cerca de uma hora. O peso de uma célula é de apenas um milionésimo do grama. Todas as células se reproduzem dividindo-se em duas; duas fazem quatro; quatro fazem oito. Em 20 duplicações, são milhões. Em 40, ultrapassam 1 trilhão.

Por que então o Universo não é uma montanha de células? Não fosse a natureza sábia, a duplicação celular dar-se-ia em ritmo incessante e, em 40 horas, haveria uma tonelada de células vivas; em cinco dias, o peso da matéria multiplicada equivaleria ao peso da Terra. Se isso não acontece é porque são escassos, no mundo exterior, os recursos que a célula precisa recolher para obter a síntese da substância viva e desdobrar-se. Por isso, a duplicação não é contínua. Nas bactérias, quando a célula se duplica, cada uma toma o seu caminho. Em nós, elas se juntam, em vez de se afastar uma da outra.

O vivo é uma substância esperançosa. Não apenas aguarda, sobretudo almeja. Anseia produzir novas células que não sejam meras cópias da célula-mãe, porém novas estruturas vivas.

Como uma adolescente, a célula atravessa o período intercinético, no qual cresce e se prepara de modo a, um dia, gerar vida. Quando entra no cio, tornam-se evidentes os filamentos cromossônicos, já duplicados. Vizinhos ao núcleo, o centríolo se divide e toma posição diametralmente oposta, de modo que cada um atraia os cromossomos resultantes da divisão dos cromossomos originais. Inicia-se a separação das duas células-filhas. Aos poucos, a célula se alonga, estreitando-se em seu centro. Nas extremidades opostas, os cromossomos se entrelaçam num abraço tão apertado que seus corpos se incham, enquanto nova membrana nuclear se desenha em torno deles, assinalando um novo núcleo. Como pequeno buraco negro, o núcleo absorve e envolve os cromossomos. A membrana da célula-mãe, estrangulada em oito, rompe-se, permitindo que as filhas se separem completamente uma da outra. Essas filhas, crescidas e bem alimentadas, irão gerar outras células. Assim, tecidos e órgãos renovam sucessivamente suas células.

Quando uma célula se divide, ela lega às filhas sua biblioteca, com todas as informações genéticas de como fazer outra célula. De fato, a biblioteca é duplicada, uma para cada filha, com absoluta fidelidade. Portanto, as células do cérebro sabem como fazer células do coração, assim como estas sabem como fazer células dos olhos ou das unhas. A biblioteca instiga-nos a respirar o ar puro da serra, rir dos filmes mudos de Charles Chaplin, andar à beira da praia pela manhã, mastigar um pêssego e abraçar. Quando a célula se duplica, ela retransmite às suas filhas escadas de cordas com os milhares de barras dispostas, exatamente, como na célula materna.

Muitas experiências de laboratório têm sido feitas para se reproduzirem as condições primitivas da Terra, de forma simulada, visando descobrir como se formaram as células. Sabemos que o DNA é essencial ao funcionamento e à reprodução de cada célula viva sobre o planeta. Mas ninguém ainda consegue imaginar como se formou aquela escada espiralada que contém todas as informações de que a célula necessita para crescer, corrigir defeitos e reproduzir-se.

O sistema de replicação do DNA é de alta tecnologia, com sofisticado programa de revisão de provas, aperfeiçoado ao longo de inúmeras gerações de seleção cumulativa. Cada uma dessas moléculas se parece com a memória de um supercomputador e contém informações genéticas armazenadas no decorrer de quase 4 bilhões de anos, codificadas num alfabeto de apenas quatro "letras", feito de açúcar e de moléculas de fosfato, dotado de sinais de pontuação e de um programa especial contra o erro. Elas são capazes de preservar imensa quantidade de informações com mínima margem de erro, durante milhões de anos. Sua mensagem soletra exatamente como fazer um ser humano, dos nervos aos músculos, dos ossos à pele, dos olhos às células do cérebro. No caso, um erro ou mutação não significa necessariamente prejuízo, pode até significar aperfeiçoamento, como a cozinheira que, ao equivocar-se de tempero, acaba inventando uma receita mais saborosa.

Em escala infinitesimal, ocorre algo semelhante ao que se passa no corpo de uma mulher que vai ser mãe. A célula prepara-se para procriar, consumindo e sintetizando açúcar, fosfato, adenina, timina, guanina e citosina — substâncias químicas necessárias à construção de uma nova escada. No momento da "fecundação", a célula-mãe, como um zíper, rompe cada uma das barras transversais da corda exatamente no meio, onde se dá o ponto de interseção da adenina com a timina e da guanina com a citosina. É agora que a mãe lança mão dos nutrientes químicos armazenados e reconstrói duas novas escadas completas a partir de cada metade. Como na metade de cada barra a conexão só é possível entre a adenina e a timina, e a guanina e a citosina, cada meia barra saberá alimentar-se da substância específica, entre as tantas oferecidas pela mãe, e reproduzir sua outra metade tal qual o modelo original. Não há escolha. Porém, ao lançar mão dos nutrientes químicos recolhidos do meio exterior, a célula armazena material que já fora sintetizado na composição de outras espécies animais e vegetais. A vida progride com material reciclado.

Em cada uma das células-gêmeas, recém-nascidas, o novo núcleo traz metade da molécula de DNA que já viveu na célula-mãe. Com as substâncias sintetizadas há pouco, constitui-se a outra metade. Se considerarmos que a metade exata dos cromossomos se divide entre as duas novas células, fica evidente que a prioridade da duplicação celular é assegurar a transmissão exata do DNA às filhas gêmeas. É essa duplicação que permite ao ser vivo, composto de milhões de células, se desenvolver, passar de óvulo a bebê, de criança a adulto, até que o ritmo se reduza, trazendo o envelhecimento e a morte. Logo, parece haver certa lógica na afirmação de que os organismos vivos são apenas parte da perpetuação do DNA e não o contrário. Uma vez originada a vida, ela avançou até o ponto de desenvolver criaturas dotadas de inteligência suficiente para especularem sobre suas próprias origens.

A vida poderia ser criada em laboratório? Os cientistas já aprendem a tocar violino e flauta. Mas ainda estão muito longe da possibilidade de formarem a grande orquestra capaz de reproduzir a sinfonia da vida.

Narra a Bíblia que o profeta Ezequiel fez com que a ossada espalhada sobre o vale se reaproximasse e levantasse, recobrindo-se de músculos e de carne, e dotada de espírito — o sopro da vida. No caso dos organismos vivos, este sopro é a propriedade de autorreplicação. Os grandes replicantes são as moléculas de DNA. Cada replicante faz cópias de si mesmo, idênticas à original, com pequeníssima margem de erro. Por que o DNA faz cópias de si mesmo? Você gostaria de fazer cópias de si mesmo? Que seus filhos fossem exatamente iguais a você? Segundo alguns cientistas, a única explicação é que o DNA nos criou para que possamos assegurar a descendência dele... As criaturas são formadas, crescem, se reproduzem e morrem, enquanto o DNA permanece. Ele é perpétuo.

*

Se ampliarmos uma de nossas mãos, veremos cada célula da pele que a reveste, tão complexa quanto o centro de uma grande cidade. Ao olhar o interior da célula da mão, vemos no núcleo os genes ou as macromoléculas de ácido desoxirribonucleico, o DNA, formando os cromossomos ainda mal delineados. Se aumentarmos a ampliação, veremos a confusão de tortuosos ribossomos e ondulantes mitocôndrias, lisossomos esféricos e estrelados centríolos, que formam os sistemas sanitário, energético e respiratório de cada célula. Embora nossas mãos tenham uns poucos anos, sua estrutura tem mais de 1 bilhão de anos.

Se aumentarmos ainda mais a ampliação da mão, veremos que as moléculas de DNA se compõem de muitos átomos, cercados por elétrons em forma de ampulhetas, de espirais ascendentes, de elipses cheias e de finíssimos charutos. Alguns desses elétrons vieram há pouco de átomos vizinhos; outros, juntaram-se a seus núcleos atômicos há mais de 5 bilhões de anos, quando a Terra se formava numa nuvem estelar.

Ao aumentar a ampliação 100 mil vezes veremos o núcleo de um único átomo de carbono, que pode ter de 5 a 15 bilhões de anos, e que, um dia, esteve reunido a outros núcleos semelhantes no interior de uma estrela que explodiu muito antes do aparecimento do Sol.

Se ampliarmos ainda mais, veremos afinal os trios de quarks que formam cada próton e nêutron do núcleo. Essa naturíssima trindade foi reunida quando o Universo tinha apenas uns poucos segundos de idade. E a matéria, quanto mais ínfima, mais resistente. Por essa resistência podemos conhecer a sua idade. Hoje, com alguns milhares de elétron-volts de energia conseguimos quebrar a coroa de elétrons de um átomo. Esta coroa é 100 mil vezes maior que o núcleo atômico. Mas para quebrar os núcleos são precisos milhões e milhões de elétron-volts. E para liberar os quarks seria preciso uma energia colossal, pois sua estrutura foi forjada no próprio calor da Explosão Inicial, o Big Bang.

Com os nossos mais remotos ancestrais, aprendemos a coletar a energia que nos mantém vivos através da respiração e da alimentação. Ao inspirar, captamos o oxigênio da atmosfera e o diluímos no sangue que circula em nossas veias. Ali, ele se combina com os carboidratos e as proteínas que ingerimos ao comer plantas e animais. Ao expirar, devolvemos à atmosfera a sucata do oxigênio utilizado — o gás carbônico, que as plantas absorvem e reciclam para produzir mais carboidratos. Assim, nessa respiração boca a boca entre plantas, animais e seres humanos, asseguramos o ciclo da vida sobre a superfície do planeta. Já não é a Terra que sustenta a vida, é a vida que sustenta a Terra. Gerados por Gaia, cabe-nos agora o supremo dever de aprimorar a sua saúde e perpetuar a sua existência até que os olhos do Sol se fechem sobre ela.

Nosso corpo traz, em si, a história do Universo. Todas as células são tecidas por moléculas feitas de átomos engendrados no Big Bang e cozinhados no calor das estrelas. Somos feitos de matéria estelar. E, agora, sabemos que não somos um corpo que abriga um espírito. Na intimidade atômica, cada partícula é também onda, como se a natureza risse de nossa lógica cartesiana incapaz de apreender que toda matéria, inclusive o nosso corpo, é energia condensada. Assim, espírito não é algo que se opõe à carne, mas seu estofo de expressão mais profunda e sutil, como a consciência humana é luz que emerge, coroa e ilumina toda a evolução do cosmo. É fantástico que a própria natureza, em trajes bordados pela química e num baile ritmado pela física, tenha aflorado em seres dotados de inteligência capaz de decifrar os seus enigmas e captar o seu sentido.

Ao nascer nos integramos no ciclo holístico da natureza. Há uma pequena contradição na fisiologia humana, porque o útero da mulher não se dilatou para acompanhar o crescimento do cérebro — o que a obriga aos incômodos do parto. Nossa evolução, agora, tem sido — ou deveria ser — predominantemente cultural e social. Mas é um fato inquestionável que, desde que os gregos começaram a perscrutar a natureza, no século VI a.C., tem sido significativa a evolução técnica e científica.

Mas há quem desconfie de que temos regredido quanto à dimensão ética e social. Nunca houve tantos miseráveis. Nunca se matou por motivos tão banais. Nunca se mentiu tanto para si mesmo e para os outros. Enfim, nunca a vida foi tão vilipendiada pela ambição de lucro de uns poucos privilegiados que veneram a idolatria do mercado.

Quando olharmos uma criança de rua, equilibrando-se mal sobre as perninhas frágeis, lembremo-nos de que ela encerra, em si, toda a evolução do Universo. E mais: ela é, como cada um de nós, o centro do Universo. E, para quem tem fé, ela é também a própria imagem e semelhança de Deus.

Em 1982, os cientistas James Lovelock e Martin Whitfield previram que a vida na Terra se extinguiria em 100 milhões de anos. Dez anos depois, Ken Caldeira e James Kasting, da Universidade da Pensilvânia, defenderam que o fim virá quando os níveis de gás carbônico na atmosfera caírem abaixo do nível mínimo necessário para que se processe a fotossíntese, o processo pelo qual os vegetais convertem a luz do Sol em energia química, produzindo o oxigênio necessário à vida humana. Segundo eles, podemos respirar sem problemas por mais 1 bilhão de anos. Mas dentro de 2 bilhões e 500 mil anos a Terra será semelhante a Vênus, empoeirada, nebulosa e desértica. O aumento progressivo da temperatura solar fará o gás carbônico reduzir até desaparecer em 1 bilhão de anos. Quinhentos mil anos depois, o verão terrestre atingirá a temperatura da fervura da água: 100°C. E 1 bilhão de anos mais tarde toda a água do planeta terá evaporado.

Assim, o Apocalipse terminaria em fumaça.

14

VIDA ALÉM DA TERRA

Admitamos o que todos os idealistas admitem:
o caráter alucinatório do mundo.

Jorge Luis Borges

Por duas vezes, vi discos voadores nos céus de Belo Horizonte. A primeira, em companhia de minha mãe, quando saíamos da feira, na praça Diogo de Vasconcelos, hoje conhecida por Savassi. Creio que foi em 1953. Vimos um grande pastel luminoso, dourado, quase transparente, descer na direção do Fraternia, um posto de gasolina que ficava na esquina da praça, entre a rua Antônio de Albuquerque e a avenida Cristóvão Colombo. O disco tremeluziu por segundos e recuou rumo aos céus numa velocidade surpreendente, apagando-se rápido de nossas vistas. Quatro ou cinco anos depois, num sábado, por volta de 11 horas, no centro da cidade um aglomerado de pessoas ocupava a confluência da rua Tupis com a avenida Afonso Pena. Todas miravam o céu. Lá no alto, um disco preto, do tamanho de um *long play*, parecia parado. Aos poucos, foi subindo, ficando cada vez menor, até restar um ponto que logo se apagou no fundo azul.

O primeiro a levantar a hipótese de vida extraterrestre, em seu livro *Os mundos e o Universo infinito*, foi meu confrade, o dominicano Giordano Bruno, queimado vivo em 1600 pela Inquisição, na praça Campo dei Fiori, em Roma, por se recusar a abjurar de certas opiniões consideradas heréticas — as estrelas são sóis, a matéria é mãe de todas as coisas vivas e Deus é glorificado numa infinidade de mundos.

Hoje, nós, terráqueos, vivemos fascinados com a possibilidade de vida extraterrestre. Vemos discos voadores, ouvimos histórias de contatos de primeiro, de segundo ou terceiro grau, captamos mensagens do além, preparamo-nos para receber com carinho os ETs que, por acaso, venham ao nosso encontro.

Nada impede que a vida inteligente, que povoa este planeta, tenha aparecido também em outros pontos do Universo. A teoria de Darwin, embora não esclareça a razão da existência disso que chamamos vida, deixa claro que ela pode surgir da matéria comum às estrelas e às rochas, aos gases e à água, e evoluir para uma forma inteligente ao menos num planeta semelhante à Terra e na órbita de uma estrela parecida com o Sol. Só na Via Láctea há mais de 10 bilhões de estrelas como o Sol. Metrodoro, o atomista grego, escreveu há cerca de 2.400 anos que "considerar a Terra o único mundo povoado num espaço infinito é tão absurdo quanto afirmar que em todo um campo semeado de trigo apenas um grão germinará".

Certas condições propícias ao surgimento da vida evoluem ao longo dos bilhões de anos do Universo, até que, entre inúmeras formas de vida, irrompe o ser humano. Como pergunta o físico Moacir Lacerda, por que esse processo seria exclusivo do nosso planeta? É possível que ele também ocorra em outras partes do Universo. Tal hipótese ganha força quando se admite que a matéria traz um projeto em seu ventre: tomar consciência de si.

Hoje seria muito difícil visitar os nossos possíveis vizinhos. Uma nave espacial capaz de percorrer 1 milhão e 600 mil km/h levaria menos de dois dias para viajar da Terra a Marte e cerca de 3.000 anos para atingir Alfa Centauro, a estrela mais próxima do Sol. Porém, pela radioastronomia já podemos nos comunicar com um radiotelescópio situado num planeta a meio caminho entre a Terra e o centro da Via Láctea, ou seja, cerca de 15 mil anos-luz. O método mais indicado para detectar vida inteligente além do sistema solar é usar os radiotelescópios na procura de sinais eletromagnéticos, como os que são transmitidos por rádio e TV, pois eles viajam à velocidade da luz.

Há quem diga que justamente por terem captado nossa programação de TV os extraterrestres ainda não se aproximaram, por considerarem que não há vida inteligente em nosso planeta...

Depois que sondas e naves espaciais andaram pousando em Marte e Vênus, e fotografaram Júpiter e Mercúrio, permitindo o conhecimento das condições ecológicas daqueles planetas, tudo indica que, ao menos em nosso sistema solar, não há sinais de vida. Se há vida, ela é bem rudimentar à luz de nossas concepções.

Quem pode assegurar, entretanto, que não há vida em planetas de outros sistemas solares? Quem sabe na Grande Nuvem de Magalhães ou na galáxia de Andrômeda há um pai discutindo com o filho porque este se recusa a ir à escola?

A resposta a tais questões depende do talento dos Sherlock Holmes das ciências. Para que haja vida em planetas de outros sistemas solares é preciso haver água, numa temperatura que não esteja abaixo de 0°C nem acima de 100°C. Marte demonstra ter possuído água líquida no passado mas, agora, ela se encontra congelada, abaixo de 0°C. Vênus não conseguiu livrar-se de seu gás carbônico. Alguns meteoritos apresentaram sinais de aminoácidos, a matéria-prima das proteínas. Tudo indica que existe atividade prebiótica em asteróides. Titã, satélite de Saturno, possui uma atmosfera onde predomina o nitrogênio, com características próximas às que existem na Terra. Isso lhe permite inscrever-se como candidato à atividade prebiótica. Mas não pode merecer o prêmio enquanto sua temperatura for de -180°C, o que o torna inabitável. Não é fácil detectar vida inteligente em outro planeta, nem mesmo na Terra. A 8 de dezembro de 1990, a sonda espacial Galileu passou a 900 km de nosso planeta e seus instrumentos acusaram grande quantidade de oxigênio na atmosfera, o que é sinal de vida, mas não de civilização.

É possível que haja uma pedra de Roseta interestelar, e sua linguagem seria a matemática, porque as leis da natureza são as mesmas em todos os lugares, exceto num buraco negro. Assim como são os mesmos os elementos químicos e o modo como os átomos absorvem e emitem radiação.

Se existem seres inteligentes em outros planetas, eles saberão que aqui estamos, neste pequeno bairro esférico da Cidade do Sol, pelas nossas emissões de rádio. Também pela projeção dos feixes de nossos radares, que ultrapassam o sistema solar e mergulham nas profundezas interestelares. Contudo, se um ET captar os sinais de um radar ficará tão satisfeito quanto um pescador que fisga, com o seu anzol, um pé de botina velha. As vibrações sinalizadas pelo radar contêm apenas padrões, números codificados em bips. Pode ser que se trate de uma evoluída civilização pitagórica, cuja linguagem seja toda em abstração matemática, e que utilize, em vez de palavras, números. Nesse caso, dirão que detectaram um conjunto de seres pré-inteligentes. Aos olhos deles seríamos simples papagaios capazes de dizer algumas palavras.

Se a TV é a mais poderosa fonte de radiotransmissores que possuímos, é provável que eles captem nossas imagens. Essa bola na qual viajamos está coberta de redes de TV. Talvez captem o que há de mais frequente em nossas programações: anúncios e sinais de chamada de estação. Nesse caso, terão uma ideia inteiramente falsa de como é a vida aqui, pois pensarão que todos bebem refrigerantes com alegria, fumam para ficarem mais saudáveis, vestem roupas elegantes, andam em carros luxuosos e formam famílias felizes. Imagine o impacto quando descobrirem a face real dos humanos que os anúncios não mostram! Se habitarem muito longe de nós, vão demorar a receber os nossos sinais, pois as transmissões de TV começaram nos anos 1940 e, como viajam na velocidade da luz, por enquanto se encontram a apenas umas dezenas de anos-luz distantes da Terra.

Fica a esperança de que recebam a carga contida nas duas naves *Voyager* lançadas em 1977. Em cada uma delas há um disco de cobre banhado a ouro e, na cobertura de alumínio, instruções para o seu uso. Malgrado a advertência do astrônomo inglês Martin Ryle de que não devemos dar o nosso endereço a estranhos antes de conhecer suas reais intenções, ali há informações sobre os nossos genes, cérebros e bibliotecas; saudações em 60 idiomas; fotos de seres humanos aprendendo e trabalhando; músicas de diversos povos; pensamentos etc. Mas qualquer programa de TV cobre em horas a distância que a *Voyager* leva anos. Bastam quatro anos para a TV chegar a Alfa Centauro, mas a nave não pode viajar à velocidade da luz. As ondas de rádio viajam numa velocidade 10 mil vezes mais rápida do que a nave mais veloz. Enfim, pode ser que os nossos vizinhos mais próximos sejam como índios que, em plena selva amazônica, não dispõem de rádio, de TV ou de qualquer outro aparelho para captar nossas emissões.

É mais provável que se dê o contrário, considerando que a vida inteligente na Terra não tem mais de 1 milhão de anos. Nós é que não possuímos meios de captar a presença deles. Se eles se derem conta de nossa presença aqui e fizerem a chamada a cobrar, nossa falta de recursos financeiros para este tipo de investigação vai dificultar o contato...

Não custa encarar a hipótese de, do outro lado do mundo, habitantes de um planeta pescarem, nas profundezas oceânicas, esta garrafa de náufrago chamada *Voyager*. Eles abrem aquilo e não entendem nenhum dos 60 idiomas, simplesmente porque eles próprios não usam a boca para falar, pois não precisam de palavras para se entender. A comunicação entre eles é pelo sentimento. Como não há mentira nem falsidade, basta sentir para o outro captar. Isso não quer dizer que não haja desentendimentos e mesmo discussões. Mas, por baixo dessas emoções controversas há, em cada um deles, o sentimento maior do amor. É como a discussão de um casal que se ama. Eles veem as fotos e escutam os sons remetidos daqui. Podem até gostar de Mozart, mas quando encontrarem o vídeo com os metaleiros certamente ficarão convencidos de que os músicos deste planeta decidiram destruir seus instrumentos e a própria música.

Há no Universo provavelmente 100 quintilhões de planetas com um mínimo de condições para que haja vida. Pelo fato de a vida ter surgido onde nos encontramos, por que inferir que ela não poderia ter surgido em outro lugar? Certamente os seres de outros planetas podem estar fazendo o mesmo raciocínio. Mas nada impede que a vida tenha surgido num único planeta — aqui! Ela é um fato tão inesperadamente acidental, frágil e maravilhoso, que não fica descartada essa hipótese. E por que na Terra? Simplesmente porque aqui estamos a experimentá-la.

Quanto tempo é necessário para que acontecimentos químicos casuais e colisões térmicas de átomos resultem numa molécula autorreplicadora? Ninguém sabe. Contudo, aqui aconteceu. E aqui inventamos meios — opressões, armas, bombas, drogas, venenos e recursos jurídicos — que suprimem a vida, em geral alheia, interrompendo o seu ciclo antes que seus anos se completem.

15

A BUSCA DA UNIFICAÇÃO

A reconciliação da física das partículas — o estudo do infinitamente pequeno — com a cosmologia — o estudo do infinitamente grande — é talvez o último problema com que se debatem os físicos teóricos.

John Ellis e Dimitri Nanopoulos

Ao chegar ao último capítulo, resta a plena consciência de que, neste exercício de contemplação, certos elos importantes nos escapam. Permanece válido também para nós, qual sonho que perdura, o que escreveu Sor Juana Inés de la Cruz, no século XVII: "É minha ânsia penetrar nos mistérios do Universo." Eles continuam demasiadamente grandiosos para os nossos parcos recursos. O futuro haverá de mostrar que muitas das atuais conclusões científicas, estampadas pela mídia como definitivas, são tão incompletas quanto as do passado. Não se pode mais incorrer no equívoco de Kant, que morreu convencido de que seus conceitos seriam "os prolegômenos de toda futura metafísica que se apresentasse como ciência". A mente humana é mestra em propor, a cada época, construções dotadas de aparente coerência e pretensamente definitivas. Mas a realidade extrapola o conceito, advertiu meu confrade Tomás de Aquino. Sábio foi Leibniz com a sua insidiosa questão filosófica: "Por que existe alguma coisa e não apenas nada?"

Como bom mineiro, fico com o benefício da dúvida. Porém, enquanto a ciência não fizer novos avanços significativos, com base nos dados atuais, ninguém poderá contar a história do Universo de modo muito diferente do que se descreveu aqui. Apenas juntamos peças do quebra-cabeça, conscientes de que este é, também, um jogo interminável, cuja principal peça somos nós mesmos, homens e mulheres, ponto de junção entre o macrocosmo e o microcosmo. Esse mosaico nos fascina, sobretudo quando iluminado pela fé, que lhe realça a harmonia e o colorido e, em especial, destaca seu significado. Convém, entretanto, prosseguir inquieto, como se os olhos contemplassem estrelas enquanto os pés sentem o chão se abrir para engolir-nos. E não ceder ao holismo ingênuo, que prescinde da dialética e ignora que a harmonia é filha da contradição.

Não se pode descartar a hipótese de que alguns dados, tidos hoje como inquestionáveis, não correspondam exatamente à sucessão de eventos tal como ocorreram na natureza. Como insiste Crodowaldo Pavan, em ciência não existe o definitivo. A esta altura, a chamada ciência exata parece a mais pretensiosa arte da probabilidade. Como quase tudo na vida com o qual se adquire intimidade, também em relação a ela experimentamos certo desencanto. A rigor, uma sinfonia de Mozart é mais bela que as equações de Newton ou de Einstein; porém, basta uma nota desafinada para que os ouvidos denunciem a transgressão melódica. A ciência tem a seu favor o acesso a uma linguagem menos ambígua do que as palavras e tão abstrata quanto a música: a matemática. Como escreveu Einstein em 1949, num artigo sobre a teoria da relatividade, "a matemática lida exclusivamente com as relações dos conceitos entre si, sem considerar sua relação com a experiência. A física também lida com conceitos matemáticos; estes, contudo, só adquirem conteúdo físico mediante a clara determinação de sua relação com os objetos da experiência". E, como o mito, a filosofia e a mística, a ciência nos introduz no pórtico do Jardim do Éden, onde todo mistério começa a ser desvendado. É promissor constatar que, hoje, a ciência não procura apenas descrever a realidade, mas também compreender o seu significado.

Graças à multidisciplinaridade, à física quântica, à astrofísica e ao gênio de Einstein, e também à perda de nossos preconceitos diante do que têm a dizer as grandes tradições religiosas, temos hoje uma nova visão do Universo, mais orgânica, holística e ecológica. Já não o vemos pela ótica aristotélica de um pêndulo esférico preso a um *deus ex machina* nem pela visão cartesiana de uma gigantesca máquina cujas peças são descartáveis. Agora, o Universo aparece aos nossos olhos como um Todo indivisível, de tal forma intimamente ligado que não se pode negar a estreita relação entre a fusão dos gases primevos e a beleza da pele dourada pelo sol de verão, ou entre as algas marinhas geradas pelas células primitivas e os atuais homens e mulheres. Por baixo das contradições que fazem da natureza uma inimiga de si mesma e provocam suas mutações, há um parentesco entre todas as coisas e um sentido axial que preside a evolução.

Respaldados pelos mais sérios físicos teóricos, como David Bohm, sabemos, hoje, que há uma unidade subjacente a todo o cosmo. Como observa Mara Kotscho, por isso dizemos Universo e não Poliverso. Cada pensamento é um ato que integra os complexos processos químicos de nosso cérebro com a expressão espiritual do nosso ser. O lado de fora revela o lado de dentro, assim como o lado de dentro revela o lado de fora. Como intuíram sábios indianos e gregos, o Todo está contido nas partes e, por mais que as coisas pareçam diversificadas e plurais, na verdade são aspectos de uma mesma e única realidade. Toda reta é uma curva, ensinou Einstein.

Tales de Mileto, ao defender que a água é a causa material de todas as coisas, comprovava que todo ponto de vista é a vista a partir de um ponto, pois os gregos vivem ilhados pelas águas do Mediterrâneo. Ainda que a ciência não viesse a confirmar a sua hipótese, Nietzsche destacou que ela introduziu na filosofia três ideias fundamentais: a questão da causa material de todas as coisas; a razão, e não os mitos, como chave aos enigmas do Universo; e a sugestão de que todas as coisas poderiam ser reduzidas a um princípio único. Não foi por mero diletantismo que a Associação Americana para o Avanço da Ciência dedicou uma de suas sessões, em Boston, em 1993, ao tema *O significado teológico da cosmologia do Big Bang.*

Não podemos perder a fé no poder de a ciência explicar os mistérios da natureza. Por princípio, não há limites para a ciência nem zonas proibidas a seu acesso. Desde os seus primórdios, a ciência oscila entre aqueles que, como Aristóteles, querem saber *por que* as coisas são como são, e aqueles que, como Galileu, investigam *como* são ou funcionam as coisas. Mas talvez ela nunca possa explicar o porquê da singularidade. Em sua obra *God and the Astronomers,* o astrofísico Robert Jastrow diz com ironia: "Escalamos as montanhas da ignorância; falta conquistar o pico mais alto. Quando vencermos a última rocha seremos saudados por um bando de teólogos que se encontram sentados ali há séculos."

Talvez a ciência possa descrever a singularidade, sem poder explicá-la. Ainda não há nenhuma prova da origem do espaço-tempo. Alguns físicos defendem que a matéria primordial seria como pontos dotados de propriedades intrínsecas. Outros, que as partículas fundamentais seriam cordas extremamente finas que vibram para produzir suas propriedades. À luz de certas teorias, como a do Universo inflacionário, é possível supor a sua origem praticamente do nada — *ex nihilo*. Aos olhos da fé, pura gratuidade divina.

A diversidade das criaturas não encobriria, a nossos olhos, a indelével unidade da Criação? Em 1982, o físico francês Alain Aspect constatou que, entre dois fótons que se afastam em direções opostas, há uma inexplicável correlação. Se a polaridade de um desses grãos de luz é modificada com a ajuda de um filtro, o outro parece imediatamente "saber" o que ocorreu com o parceiro e instantaneamente sofre a mesma alteração de polaridade, ainda que um se encontre na Terra e outro, na galáxia de Andrômeda. Como é possível? Para alguns físicos, o fóton 1 emite algum tipo de sinal, mais rápido do que a luz, para o fóton 2. Porém, a maioria dos que lidam com a física das partículas abraça a "inseparabilidade da experiência quântica", defendida por Niels Bohr, e aceita que, mesmo distanciados por milhões de quilômetros, os dois fótons integram uma mesma totalidade. Uma teia invisível aos nossos olhos — e indivisível — os mantêm em relação, assim como o nosso cérebro registra a menor sensação ocorrida na ponta de um dedo de nosso pé direito. Essa interação entre partículas é mais importante que constatar apenas a existência delas.

Um bom exemplo é a analogia do holograma. Uma imagem holográfica resulta da projeção de um feixe de raios laser através do filme no qual registramos uma cena. Ao ver a foto holográfica, temos a nítida impressão de que se trata de uma imagem tridimensional. Passamos a mão e sentimos apenas a superfície lisa, como em qualquer foto. Se o filme registra a imagem do Corcovado e o negativo for rasgado em dois pedaços, ao colocar um deles no projetor a laser veremos não a metade do Corcovado, como no filme comum, mas a imagem inteira. Ainda que o negativo seja cortado em 20 pedaços, cada um deles trará a imagem completa. Assim, cada detalhe do Universo contém, em suas partículas ínfimas, a totalidade. Vivemos, portanto, num Universo sem descontinuidade, cuja harmonia holística vem sendo, finalmente, resgatada pela física quântica. Porém, essa harmonia ainda não foi comprovada pela ciência, ao menos enquanto não se encontrarem as ondas que transportam a força de gravidade, tal como as ondas eletromagnéticas transportam a luz.

*

O prêmio Nobel de Física será dado a quem construir a teoria do campo unificado, capaz de estabelecer os vínculos que liguem a gravitação às forças eletromagnéticas. Este é o Santo Graal da física. Dizia Aristóteles que "os homens, diante das ideias simples, são como morcegos diante da luz: cegos". Ninguém ainda descobriu qual é a propriedade da matéria que engendra a gravidade e faz com que ela se propague por mais longínquos recônditos do Universo. Porém, sem ela os gases nebulosos não teriam formado estrelas nem estaríamos "colados" à superfície deste planeta sobre o qual vivemos.

Não há que ser muito otimista quanto à possibilidade de a nossa geração encontrar este elo entre a relatividade geral e a física quântica. Não parece fácil chegarmos a uma teoria quântica da gravitação que nos permita conhecer a estrutura íntima e última do Universo. Talvez nos falte um dado muito simples, porém fundamental, assim como o gene faltou a Darwin para que ele pudesse completar sua teoria e explicar o micromecanismo da hereditariedade. Nossos conceitos científicos são tributários de ideologias que nos precedem e nos são contemporâneas. Seria estranho que Darwin não falasse em seleção natural num Império Britânico tão rigidamente hierarquizado.

As partículas subatômicas estão, de certo modo, dentro da teoria da relatividade de Einstein. O eletromagnetismo e as forças nucleares forte e fraca também se enquadram perfeitamente nos cálculos dele. Mas há nisso um potro indomável: a força de gravidade. Einstein a descreveu em suas equações e as naves espaciais a comprovaram. Na escala subatômica, a gravidade é tão pouco significativa em relação às outras três forças que, simplesmente, pode ficar de lado, moça sem par num baile. Por outro lado, Einstein considerou que as interações gravitacionais resultam da própria geometria do espaço. Se, de fato, a força de gravidade é transmitida pelos grávitons, eles devem ser os artistas responsáveis pela forma do espaço. Mas ainda ninguém conseguiu explicar como eles fazem isso.

Em outras palavras, a gravidade insiste em ignorar o princípio quântico, como, no teatro, a mágica parece ultrapassar as leis da física, exceto aos olhos do próprio mágico, que conhece os truques. E as consequências desta exceção à regra não têm maior importância, a não ser quando se trata de analisar campos gravitacionais extremamente intensos, como a força da gravidade encontrada dentro de um buraco negro ou a que existia no início da expansão do Universo. No buraco negro a curvatura do espaço atingiria o infinito — e Einstein se cala. E este silêncio ainda não foi quebrado, pois não há nenhuma teoria quântica da gravitação coerente com a teoria da relatividade. Quem promover esse casamento entra definitivamente para a história da física. Com certeza poderá passar por Estocolmo e apanhar seu prêmio Nobel.

Os próprios cientistas estão longe do consenso no que concerne à busca dessa teoria unificada, que inclua todas as forças da natureza. Contudo, se encontrada, ela fará convergir todos os conceitos humanos a respeito do mundo físico. Eis um longo percurso através dos séculos! Um passo importante foi a redução das múltiplas substâncias do Universo a 92 elementos naturais. Em seguida, os elementos químicos tornaram-se mais bem conhecidos por suas partículas fundamentais. Também as diversas "forças" foram identificadas, bem como as distintas manifestações da força eletromagnética e os diferentes tipos de radiação — luz, calor, raios X, ondas de rádio e raios gama. Enfim, todas as formas do Universo se reduziram a conceitos básicos — espaço e tempo, energia e matéria, e gravitação. Einstein, na teoria especial da relatividade, demonstrou a equivalência de matéria e energia e, na teoria geral da relatividade, a indivisibilidade do *continuum* espaço-tempo. A teoria do campo unificado culminará esse processo de conexões e convergências. Ela virá coroar, como disse Einstein, "a grande meta de toda ciência: abarcar o maior número de fatos empíricos, mediante a dedução lógica, com o mínimo possível de hipóteses e axiomas".

Uma unidade indiferenciada perpassaria o estofo do Universo. Detectá-la é o maior de todos os desafios que ora se apresentam à mente humana. Místicos, filósofos e cientistas buscam, em última instância, captar a essência final e imutável que sustenta esse mundo ilusório e mutante. Como Platão, ainda estamos em busca do ser que se esconde atrás desses fenômenos cuja existência é mera aparência. "A que se assemelha a realidade quando eu não a observo?", indaga Michel Randon. Estamos diante de um Universo que se ignora e, no entanto, engendra sua própria inteligência: homens e mulheres, atores e espectadores da criação, ponto axial da evolução que, desde a mais ínfima partícula, movimenta em espiral a flecha do tempo.

Pierre Weil, mestre do holismo no Brasil, contava uma velha lenda hindu, segundo a qual houve uma era em que todos os seres humanos eram deuses. Porém, eles abusaram de sua divindade. Brahma decidiu, então, privá-los do poder divino, escondendo-o num lugar inexpugnável. Onde encontrar este esconderijo? O conselho de deuses menores sugeriu que a divindade humana fosse enterrada na terra. "Não, isso não basta", respondeu Brahma, "o homem poderá cavar e encontrá-la." Os deuses sugeriram então que fosse atirada no fundo dos oceanos. "Também não", reagiu Brahma, "pois o homem um dia explorará as profundezas marítimas e haverá de achá-la." Os deuses menores admitiram: "Não sabemos onde esconder o poder divino do homem, pois não há lugar na terra ou no mar que ele não possa alcançar um dia." Brahma, afinal, tomou a decisão: "Vamos escondê-lo no único lugar em que o homem jamais pensará em procurá-lo — no fundo de seu coração." Desde então, o seres humanos exploram terra, mar e ar, em busca de algo que se encontra neles mesmos, conclui a lenda.

O Evangelho é mais indulgente: "o Reino do Céu é como um tesouro escondido que um homem encontra num campo. Mantendo-o escondido, o homem vende todos os seus bens e compra o campo. Ou como um comprador de pérolas. Quando encontra uma de grande valor, vende todos os seus bens e compra-a" (*Mateus* 13, 44-46). O difícil é saber distinguir os verdadeiros dos falsos valores.

*

O mundo subatômico suprime a barreira entre objetividade e subjetividade, matéria e espírito. Algum mecanismo quântico faz a ponte entre a nossa consciência e o mundo material que nos rodeia e do qual somos feitos. Inútil debater com Marx se o que veio primeiro foi o ser ou a consciência, o ovo ou a galinha. A relação entre a nossa mente e a realidade não é objetiva ou subjetiva, e sim, como sugeriu Michael Talbot, *omnijetiva*.

Todo objeto, como este livro, é a soma de suas propriedades — e esta soma só existe em nossa mente, na qual estão gravados os conceitos de cor, forma ou tamanho. São os nossos sentidos — tato, olfato, visão, audição e paladar — que dão forma à catedral de símbolos convencionais que se ergue dos quarks às galáxias. Einstein demonstrou que inclusive o espaço e o tempo são formas de intuição, que não podem separar-se de nossa mente. O espaço não tem realidade objetiva a não ser como disposição dos objetos que percebemos nele. Do mesmo modo, o tempo existe enquanto sucessão de eventos mediante os quais o medimos.

Isso foi percebido, há mais de dois mil anos, pela filosofia tântrica hindu. Em última instância, a realidade, tal como a vemos, é ilusória. Pudesse o nosso olho captar o raios X, veríamos o mundo diferente. Não estamos separados da natureza que nos circunda, advertem os tantras. Observador e observado são um todo, como agora constata a física quântica. Aliás, devemos substituir o termo "observador" por "participante", como sugere o físico John Wheeler. Rompe-se também, de certo modo, a muralha que a ciência moderna tentou erguer entre natural e sobrenatural. Em termos científicos, o Céu definitivamente desabou sobre a Terra. Cada uma dessas ínfimas partículas que compõem os nossos corpos é dotada de densidade espiritual e traz em seu bojo a história do Universo. Personalizadas em nossas vidas, haverão de subsistir à nossa morte física, eternamente. De alguma maneira, somos todos consubstanciais a Deus, que nos convoca, de modo irresistível e irreversível, à comunhão de Amor. No entanto, enquanto peregrinos nesta Terra, bebemos da água sem alcançar a profundidade da Fonte. "Se todos os átomos do mundo se tornassem arautos de Deus", diz Rumi, "isso não seria suficiente para torná-Lo conhecido."

Não se trata de abraçar o panteísmo, e sim admitir o panenteísmo. As coisas, como a natureza, não são Deus, mas Deus se faz presente em todas as coisas. Como assinalam os

Atos dos Apóstolos, "Ele não está longe de cada um de nós, pois nele vivemos, nos movemos e existimos, como alguns dentre os poetas de vocês disseram: 'Somos da raça do próprio Deus'" (17, 27-28). O Deus no qual creem os cristãos se fez também criatura. Essa realidade cósmica, natural, radicalmente distinta de Deus, foi substancialmente assumida em Jesus Cristo. Sua encarnação assinala o ponto de enlace entre o sagrado e o profano, o divino e o humano. Se o próprio Criador se fez criatura, então não resta dúvida de que cada homem e cada mulher são ontologicamente dotados de dignidade transcendental.

Em Jesus, Deus se fez fragmento da Criação, inseriu-se no processo evolutivo da matéria. No corpo de Cristo havia o DNA com uma história genética quase tão antiga quanto a da Terra. Também os átomos de oxigênio, cálcio, magnésio e ferro do corpo de Jesus foram fundidos no calor das estrelas. Assim como todas as partículas que integram os átomos, as moléculas e as células do trigo e da uva que, na mesa eucarística, são pão e vinho transubstanciados em corpo e sangue do Senhor. Nele, não só os seres humanos, mas todo o Universo, é chamado à ressurreição — "da carne", reza o Credo em seu Corpo glorioso.

Após a morte, a vida é terna.

Como observa Teilhard de Chardin, "o Redentor só pode penetrar no estofo do cosmo, infundir-se no sangue do Universo, fundindo-se, de início, com a Matéria para, daí, renascer em seguida. (...) Foi porque o Cristo se 'inocolou' na Matéria que ele não é mais separável do crescimento do Espírito — de tal forma incrustado no Mundo visível que, desde então, não se poderia mais arrancá-lo daí sem abalar os fundamentos do Universo", escreveu ele no ensaio *Meu Universo e a energia humana*.

Contudo, não convém fazer da cosmogonia uma teogonia. A evolução não é uma autogênese de Deus, embora o amor seja a textura do real, e o tempo, a sua gênese.

Talvez a física, com toda a sua sofisticação teórica, nunca possa conceituar a estrutura ontológica do mundo. A ciência trabalha a realidade empírica, não a realidade em si. Esta só é acessível à linguagem mítica e religiosa. Diante da qualidade do conhecido e da quantidade do desconhecido, é preferível se calar. Na ótica cartesiano-newtoniana, o conhecimento científico é exato enquanto afirma que, do outro lado da rua, há uma mulher vestida de branco. Mas não diz quem é a mulher, a menos que a enfoque pela ótica quântica, holística, dando ouvidos à sabedoria mítica e religiosa.

Como Jesus, os cientistas não têm mais onde repousar a cabeça. Já não existe *uma* explicação do mundo, mas um leque de modelos e possibilidades, um jogo de espelhos que nos permite ver, obrigando-nos a ver-nos e, de novo, a rever, com outros olhos, a paisagem anterior. Durante os últimos séculos esperou-se que a ciência fosse responder a crucial questão do sentido da vida. Ela não logrou apenas dar resposta no que concerne à quantidade, como previra Descartes, mas também no que diz respeito à qualidade, sobretudo quanto ao *sentido* subjacente ao mundo físico e ao conjunto do Universo. Em sua emblemática linguagem, a natureza nos faz saber que há uma ordem, uma intenção, uma evolução, que vai das nebulosas aos superaglomerados de galáxias, dos quarks ao DNA, culminando na inteligência e no espírito humanos. Por isso, não surpreende que, hoje, enquanto físicos buscam pontos de contato de suas teorias com o conhecimento mítico e as tradições religiosas, religiosos e teólogos procurem nos conhecimentos científicos uma base de apoio à sua busca do sentido da existência humana e da morada cósmica na qual ela se abriga.

Toda beleza e lógica do Universo demonstram que se trata de uma obra de arte cuidadosamente arquitetada, embora inacabada. Nenhuma grande pintura resultou de borrões provocados na tela pela queda de tubos de tinta, nem há uma bela escultura porque uma pedra rolou e se partiu numa forma que só um escultor faria. Assim como a arte depende da ciência para o seu aprimoramento, cada vez mais a ciência recorrerá à arte para a sua expressão. Como assinala Werner Heisenberg, ciência e arte são formas de uma linguagem humana que nos permitem falar dos detalhes mais dissimulados da realidade, na qual conexões de diferente natureza se alternam, se superpõem ou se combinam, determinando a estrutura do conjunto.

Sim, todo o Universo é um frenético baile, dos elétrons que coroam os átomos às moléculas que circulam anárquicas nas coisas aparentemente inertes como as pedras. Como simboliza Shiva, estamos imersos numa solene dança cósmica, cujo ritmo cresce na proporção do tamanho dos astros. A Terra gira em torno de seu eixo a 1.600 km/h e rodopia em torno do Sol a 108 mil km/h; o sistema solar gira em torno do coração da Via Láctea a 830 mil km/h; esta atira-se na direção do Grupo Local a 144 mil km/h; o Grupo Local corre para os braços do aglomerado de Virgem a 900 mil km/h; e, enfim, todo esse conjunto viaja rumo ao Grande Atrator numa velocidade de 2 milhões e 200 mil km/h. Portanto, tudo se atrai. Como cantou Dante, "...e qual roda que gira em voltas belas / O meu e seu querer movem / Igual o Amor que move o Sol e as outras estrelas".

*

A mecânica de Newton e a física clássica enfrentaram o desafio de construir novos modelos de explicação do mundo sem falar de Deus e do nosso eu. A física quântica rompe com essa tradição. As ciências experimentais são manejadas por homens e mulheres que, hoje, não se contentam em descrever e explicar a natureza. Há uma interação entre nós e a natureza. Nosso corpo e nosso pretensioso cérebro são compostos das mesmas partículas que tecem o brilho das galáxias que ardem nas profundezas siderais. Impossível estabelecer uma nítida separação entre você e o Universo. Quanto a Deus, ele não pode ser encontrado por equações integrais, mas, agora, nos vemos livres do mecanicismo e do determinismo que nos impediam de contemplar a natureza com um pouco mais de sabedoria. A poesia também extrapola os conceitos.

Ainda que a hipótese cosmológica do Big Bang venha a ser rigorosamente "provada", nem por isso a crença criacionista deve considerar-se premiada. Não concerne à ciência comprovar a existência ou a inexistência de Deus. Para Isaac Newton, os "princípios matemáticos da filosofia natural" teriam demonstrado definitivamente a existência de Deus — na verdade, um deus tapa-buracos. Ora, a própria ciência deve tapar seus buracos. São falsos os deuses das convicções científicas. E débil a fé que busca se apoiar em dados da ciência.

Estaríamos no limiar de uma nova Renascença? Acredito que, pelo menos, estamos no limiar de uma nova ontologia e de uma nova epistemologia. Ou de uma *holoepistemologia,* como sugere Roberto Crema, que integraria e, ao mesmo tempo, superaria a epistemologia cartesiana e o método dialético. O que haveria para renascer? Assim como a fé bíblica vai em busca de suas origens para assegurar sua natureza amorosa e consistência histórica — "a fé de Abraão, de Isaac e de Jacó" — também o marxismo considera a infraestrutura da sociedade fundamental na explicação de seu conjunto, bem como a psicologia busca resgatar o passado do paciente para melhor entender o seu presente. Não é mera coincidência. Marx e Freud eram tributários de suas raízes judaicas. Portanto, teríamos a resgatar, na história da humanidade, a vitalidade original das grandes tradições religiosas, a interação entre o ser humano e a natureza, a mística como transcendência da razão e plenificação da inteligência, os megarrelatos como âncoras de paradigmas, a comunidade como espaço de humanização, personalização e socialização.

Disto não temos a menor dúvida: estamos mergulhados em plena crise da modernidade. Já não há um determinado lugar que nos propicie a inteligibilidade do todo. Nem uma razão que nos sirva de belvedere para apreciarmos o panorama geral. A indeterminação e o aleatório escapam à razão, quais peixes furtivos nadando através dos buracos da rede.

A teoria da relatividade modificou radicalmente nossa visão de espaço e de tempo, aposentando as formas *a priori* da intuição pura de Kant. A lei da causalidade não se aplica à mecânica quântica e a lei da conservação da matéria não vale para as partículas elementares. O princípio da indeterminação instaura, definitivamente, o ser humano como sujeito histórico, no pleno exercício de sua liberdade de consciência e de ação. Não há quem possa prever com exatidão o que certa pessoa fará no próximo minuto. Ainda que as circunstâncias apontem uma direção, a intensidade amorosa da intenção e do gesto transmutam a qualidade do ato de liberdade.

Mas por que será que o mais puro deleite, na ciência ou na mística, não nos isenta das incômodas trivialidades da vida? Teria Sócrates perdido tempo na briga com um vizinho ou Aristóteles, desesperado, tentado salvar seus livros da voracidade das traças? Mestre Eckhart teria ficado impaciente em busca de um cavalo roubado?

*

A chave teórica que poderia abrir a porta de nossas dúvidas atuais ainda não foi encontrada. Perdura, pois, o maior desafio da natureza à ciência nessa virada de milênio: uma teoria unificada, capaz de incluir a gravitação e o eletromagnetismo. A gravidade é a mais fraca das quatro forças da natureza, embora seja a de mais longo alcance. Toda a massa da Terra concorre para manter o guardanapo de papel sobre a mesa. No entanto, passando o pente no cabelo, podemos levantar o guardanapo em sentido contrário à atração da gravidade de toda a Terra. A força elétrica do pente sobre o papel faz com que ele se erga e demonstre como a gravidade é uma força muito fraca. Então, por que as forças elétricas não dominam o Universo? Porque em quase todos os lugares suas cargas negativas e positivas estão equilibradas, não restando nenhuma carga livre capaz de influenciar as estrelas e galáxias.

Constitui um grande desafio conciliar a gravidade com as outras três forças da natureza. Einstein passou os últimos trinta anos de sua vida tentando unificar o eletromagnetismo e a gravidade. Não conseguiu, mas, na opinião de J. Leite Lopes, de seus esforços "resultou a herança da unificação das quatro interações fundamentais da física: vida, paixão, morte e renascimento dos modelos inventados pelos físicos contemporâneos". Seu equívoco foi começar pela gravidade, que domina o Universo. Hoje os cientistas estão convencidos de que a gravidade deve ser a última força a ser considerada. Quem lograr encontrar a teoria do campo unificado terá o privilégio de aproximar-se ainda mais da Estação Zero. Ficará sabendo como era o Universo a 1^{-43} (1 precedido de 43 zeros) de segundo de sua existência.

A teoria unificada será suficiente sem comprovação empírica? Ora, isso exigiria um superacelerador de partículas 1 septilhão de vezes mais poderoso do que o mais aperfeiçoado já concebido pela mente humana.

Enfim, a ciência até hoje não sabe como explicar os dois eventos mais importantes: a criação do Universo e o surgimento da vida. Há cientistas, como Crodowaldo Pavan, convencidos de que o enigma da vida cedo ou tarde acabará por ser decifrado em laboratório. O grande desafio seria a origem do Universo. Nem por isso devemos incorrer no erro de pretender extrair da Bíblia, em especial do *Gênesis*, uma explicação "física" de como o Universo teve origem e evoluiu. A intenção do autor bíblico era sublinhar o sentido da existência humana, da natureza, enfim, da Criação. As questões levantadas por ele não são de ordem biológica, química ou física, mas sim ética, filosófica, sapiencial e, sobretudo, teológica. A Bíblia não pretende, em primeiro lugar, dar-nos uma visão do mundo, e sim manifestar-nos o amor de Deus. Em sua pedagogia, quer que contemplemos a Criação a partir da comunhão afetiva e efetiva com o Criador. Por isso, os dados "científicos" utilizados pelos autores inspirados são meros esquemas narrativos baseados em concepções próprias do Mundo Antigo. Como observou Santo Agostinho no século IV; o Espírito Santo nos foi enviado, não para informar sobre a órbita do Sol, da Lua e das estrelas, mas para que possamos ser discípulos de Jesus.

Os capítulos iniciais do *Gênesis* não devem ser lidos como manuais de introdução à cosmologia, à antropologia ou à zoologia. Não são táticas e estratégias militares que o leitor busca na leitura de *Guerra e paz,* de Tolstói. Em seu caráter teológico, o relato bíblico, ancorado nas noções "científicas" da época, revela-nos o mundo como criação gratuita e amorosa de Deus e o ser humano como centro do Universo e filho de Deus. "Deus viu tudo o que tinha feito: e era muito bom" (*Gênesis,* 1, 31). Esse "muito bom" acentua a natureza paradisíaca da Criação. Se agora algo não está "muito bom" é por causa do pecado, a quebra da harmonia do ser humano com Deus, com os seus semelhantes e com a natureza.

Essa visão de fé não deve dar ensejo à atitude oposta, do cristão indiferente aos avanços da ciência, como se houvesse oposição, e não apenas distinção entre ciência e fé. Neste particular temos muito a aprender com Galileu, que jamais dividiu as duas faces da mesma moeda. Estava convencido de que o mundo é criação de Deus, que se revela por dois livros, as Sagradas Escrituras, escritas em linguagem religiosa, e o livro da natureza, escrito em linguagem matemática.

Os dois têm o mesmo Autor. Mas não convém inverter as óticas: ler a natureza apenas com categorias teológicas nem a Bíblia apenas com conceitos científicos. A sabedoria consiste em buscar a convergência galileica entre o conteúdo da fé e as descobertas da ciência, resguardando a autonomia e a independência dos teólogos e dos cientistas. Como observa, com certo exagero, o astrônomo inglês John D. Barrow, "os teólogos julgam conhecer as perguntas, mas não conseguem entender as respostas. Os físicos julgam conhecer as respostas, mas não conhecem as perguntas". O diálogo, pois, só trará benefícios a todos. Como dizia Einstein, "ainda que os âmbitos da religião e da ciência sejam em si claramente separados um do outro, existem entre os dois fortes relações recíprocas e dependências". Não se obtém abacate de vaca nem leite de abacateiro. Mas se obtém saúde bebendo o suco que resulta da mescla entre leite e abacate. (Pode-se acrescentar uma pitada de açúcar e umas gotas de limão. Um é doce, o outro, azedo. Juntos, realçam o sabor do suco.)

*

Convém não duvidar de que, do outro lado da porta, no Ponto Zero, Deus sorri de nossas inquietações e, em Sua infinita paciência, guarda a certeza de que haveremos de aprender a lição tão óbvia quanto inevitável: o percurso da existência levará todos nós, sem exceção, ao fim do enigma. Assim, a morte seria a suprema revelação. Tão simples e evidente, que dispensaria qualquer demonstração.

A existência humana já não pode ser considerada fora da dimensão quântica. Também somos seres orbitais. Planetas, vivemos em busca de um sol em torno do qual gravitar. Estamos sedentos de luz. Na cotidiana convivência com os nossos semelhantes, somos todos quais partículas localizadas no espaço, porém, quando amamos, somos onda que se propaga, todo o nosso ser flui e, embora aparentemente estejamos aqui, sentados à mesa, no ponto do ônibus ou de pé em frente ao balcão de uma lanchonete, de fato estamos lá onde o nosso coração nos arrebata. Assim, os apaixonados nunca estão onde os vemos e acreditamos que se encontram.

No século VI a.C., Empédocles sugeriu que os quatro elementos fundamentais — terra, água, ar e fogo — foram primitivamente reunidos pelo amor. Este daria lugar ao ódio e os elementos seriam parcialmente separados e parcialmente combinados. Quando não houvesse nenhum amor, os elementos estariam completamente dissociados. Porém, no futuro, o amor voltaria a congregar os elementos, erradicando o ódio. Tudo retornaria à unidade original.

"Morrer é fechar os olhos para ver melhor", disse José Martí. Então, estaremos livres das contingências deste Universo, em condições de compreender que esta vida não consistiu em outra coisa senão no tempo de gestação concedido a cada um de nós para que, dentro deste imenso ventre cósmico, pudéssemos aprender a viver de amor e contemplar a obra do Artista.

Talvez Joseph Campbell tenha razão ao afirmar que buscamos "na história da Criação uma maneira de experimentar o mundo capaz de abrir-nos as portas do transcendente". Lao Tsé escreveu que "quanto mais falamos do Universo, menos o compreendemos. O melhor é auscultá-lo em silêncio".

De fato, a própria linguagem é insuficiente para descrever o que se passa no universo quântico. A natureza última da realidade supera toda descrição verbal, como no amor. Tudo que se fala da pessoa amada é inútil perante o sentimento profundo que inunda o coração.

Séculos depois de Lao Tsé, Paulo, o apóstolo, escreveu algo semelhante na *Primeira carta aos coríntios*: "Agora vemos como por um espelho, confusamente; mas, então, veremos face a face. Agora conheço em parte; mas, então, conhecerei totalmente, como eu sou conhecido."

À pergunta de Leibniz — por que há alguma coisa e não apenas nada? — só cabe uma resposta: gratuidade. Todo o Universo é um suspiro de amor.

A física quântica e a mística têm em comum o fato de ressaltarem a insuficiência da linguagem. O Zen ensina que é preciso um dedo para apontar a Lua. Uma vez visto o nosso satélite, o dedo já não importa. Einstein dizia que não se pode construir uma casa sem utilizar andaimes. No entanto, eles não fazem parte da estrutura da casa. Assim, termos como "partículas" e "ondas" são dedos ou andaimes para expressar a natureza da matéria. Contudo, só a mente vazia e o desejo canalizado para o interior do ser nos permitem captar a essência do real.

Em pleno e reverente silêncio.

BIBLIOGRAFIA

ASIMOV, Isaac. *Como descobrimos o Universo*. São Paulo: Manole Dois, 1992.

AUDOUZE, Jean e outros. *Conversas sobre o invisível — especulações sobre o Universo*. São Paulo: Brasiliense, 1991.

BARNETT, L. *El universo y el doctor Einstein*. México: Fondo de Cultura Econômica, 1986.

BARROW, John D. *Teorias de tudo*. Rio de Janeiro: Zahar, 1994.

BECKER, Oskar. O *Pensamento matemático*. São Paulo: Herder, 1965.

BETTO, Frei. *Teilhard de Chardin — sinfonia universal*. São Paulo: Letras & Letras, 1992.

BOURGUIGNON, André. *História natural do homem*. Rio de Janeiro: Zahar, 1990.

BRANDÃO, Dênis M.S.; CREMA, Roberto (org.). O *novo paradigma holístico*. São Paulo: Summus, 1991.

BROCKMAN, John. *Eimtein, Gertrude Stein, Wittgenstein e Frankestein — reiventando o Universo*. São Paulo: Companhia das Letras, 1988.

CAPRA, Fritjof. *O ponto de mutação*. 10. ed. São Paulo: Cultrix, 1990.

——. *O Tao da Física*. São Paulo: Cultrix, 1989.

——. *Pertencendo ao Universo*. São Paulo: Cultrix/Amana, 1993.

CARDENAL, Ernesto. *Cântico cósmico*. Nicarágua: Nueva Manágua, 1989.

CHARDIN, Teilhard de. *Meu Universo e a energia humana*. São Paulo: Loyola, 1980.

CHARON, Jean E. *L'Esprit cet inconnu*. Paris: Albin Michel, 1977.

——. *O Espírito, este desconhecido*. São Paulo: Melhoramentos, s/d.

COUTEAU, Paul. *Le grand escalier — des quarks aux galaxies*. Paris: Flammarion, 1992.

CREMA, Roberto. *Introdução à visão holística*. São Paulo: Summus, 1989.

DAVIES, Paul. *A mente de Deus, a ciência e a busca do sentido último*. Rio de Janeiro: Ediouro, 1994.

——. *Os três últimos minutos — conjeturas sobre o destino final do Universo*. Rio de Janeiro: Rocco, 1994.

DAWKINS, Richard. *O relojoeiro cego*. Lisboa: Edições 70, 1988.

DELIGEORGES, Stéphane (org.). *El mundo cuántico*. Madri: Alianza Editorial, 1990.

DETOEUF, Marie-Simone. *A dança do Universo*. São Paulo: Cendotec, s/d, texto mimeografado.

EINSTEIN, Albert. *Como vejo o mundo*. 9. ed. Rio de Janeiro: Nova Fronteira, 1981.

——. *Escritos da maturidade*. Rio de Janeiro: Nova Fronteira, 1994.

FERRIS, Timoth. *O despertar da Via Láctea*. Rio de Janeiro: Campus, 1990.

FREIRE-MAIA, Newton. *A ciência por dentro*. Petrópolis: Vozes, 1990.

——. *Teoria da evolução: de Darwin à teoria sintética*. Belo Horizonte: Itatiaia/Edusp, 1988.

FRITZSCH, Harald. *Quarks — a matéria-prima deste mundo*. Lisboa: Presença, 1990.

GLEICK, James. *Caos — a criação de uma nova ciência*. Rio de Janeiro: Campus,1990.

GOULD, Stephen Jay. *Vida maravilhosa — o acaso na evolução e na natureza da história*. São Paulo: Companhia das Letras, 1990.

GRIBBIN, John. *À procura da dupla hélice — a física quântica e a vida*. Lisboa: Presença, 1989.

——. *À procura do Big Bang — cosmologia e física quântica*. Lisboa: Presença, 1988.

——. *El Punto Omega*. México D.F.: Alianza Editorial, 1991.

GUITTON, Jean; BOGDANOV, Grichka e Igor. *Dieu et la science*. Paris: Grasset, 1991.

——. *Deus e a ciência*. Rio de Janeiro: Nova Fronteira, 1992.

HAWKING, Stephen W. *Uma breve história do tempo*. Rio de Janeiro: Rocco, 1988.

HEISENBERG, Elisabeth. *A vida política de um apolítico*. São Paulo: Ars Poetica, 1995.

HEISENBERG, Werner. *Physique et philosophie — la science moderne en révolution*. Paris: Albin Michel, 1961.

IKEDA, Daisaku. *Vida*. Rio de Janeiro: Record, 1990.

KUHN, Thomas S. *A Revolução copernicana*. Lisboa: Edições 70, 1990.

LABORIT, Henri. *Deus não joga dados*. São Paulo: Trajetória Cultural, 1988.

LABORIT, Henri, e TEISSIER, Elizabeth. *Estrelas e moléculas*. Lisboa: Dom Quixote, 1994.

LANDAU, L.D. e RUMER, Iu.B. *O que é teoria da relatividade*. Moscou, edição em português: Mir, 1986.

LANGANEY, André; NINIAN, Hubet Van Blijenburgh e SANCHEZ-MAZAS, Alici. *Tous parents, tous differents*. Paris: Raymond Chabaud, 1992.

LONGAIR, Malcolm. *As origens de nosso Universo*. Rio de Janeiro: Zahar, 1994.

LOPES, J. Leite. *O Brasil e o Top Quark*. Jornal do Brasil, 2/5/95.

——. *A estrutura quântica da matéria: do átomo pré-socrático às partículas elementares*. Rio de Janeiro: Ed. UFRJ, 1992.

LOVELOCK, James. *As eras de Gaia*. Rio de Janeiro: Campus, 1991.

LUTZENBERGER, José. *Gaia, o planeta vivo*. Porto Alegre: L&PM, 1990.

MIRES, Fernando. *Ecologia politica in America Latina*. Celleno: La Piccola Editrice, 1992.

MOURÃO, Ronaldo Rogério de Freitas. *Da Terra às galáxias*. 4. ed. Petrópolis: Vozes, 1984.

——. *Dicionário enciclopédico de astronomia e astronáutica*. Rio de Janeiro: Nova Fronteira/CNPq, 1987.

PAIS, Abraham. *"Sutil é o Senhor..." — A ciência e a vida de Albert Einstein*. Rio de Janeiro: Nova Fronteira, 1995.

PEÑA, Juan L. Ruiz de la. *Teologia da Criação*. São Paulo: Loyola, 1989.

PRATTICO, Franco. Stamattina ho incontrato Archimede. In: jornal *La Repubblica*, Itália, Caderno Mercúrio, 22/9/90, p. 6.

PRICE, Derek de Solla. *A ciência desde a Babilônia*. Belo Horizonte: Itatiaia/EDUSP, 1976.

PRIGOGINE, Ilya e STENGERS, Isabelle. *Entre el tiempo y la eternidad*. Madri: Alianza Editorial, 1990.

——. *Entre o tempo e a eternidade.* São Paulo: Companhia das Letras, 1992.

——. *La nouvelle alliance.* 2. ed. Paris: Gallimard, 1986.

RAMOS, Joaquim Moura e outros. *Sinos do Universo — a evolução antes da Vida.* Rio de Janeiro: Difel, 1984.

RASOOL, S. Ichtiaque e SKROTZKY, Nicolas. *La Tierra, ese planeta diferente.* Barcelona: Gedisa, 1989.

ROSMORDUC, Jean. *Uma história da física e da química — de Tales a Einstein.* Rio de Janeiro: Zahar, 1988.

RUMI. *Fihi-Ma-Fihi — o livro do interior.* Rio de Janeiro: Dervish, 1993.

RUYER, Raymond. *A gnose de Princeton.* São Paulo: Cultrix, 1989.

SAGAN, Carl. *Cosmos.* Rio de Janeiro: Francisco Alves, 1989.

SALAM, Abdus; DIRAC, Paul; e HEISENBERG, Werner. *Em busca da unificação.* Lisboa: Gradiva, 1991.

SCHENBERG, Mário. *Pensando a Física.* São Paulo: Brasiliense, 1984.

SCHROEDER, Gerald L. *O Gênesis e o Big Bang.* São Paulo: Cultrix, 1992.

SMOOT, George; KEAY Davidson. *Arrugas en el tiempo.* Barcelona: Plaza & Janes 1994.

SNEYDER, George. Le mappe dell'infinito. In: Revista *Ulisse 2000,* setembro 1990, p. 36-48.

TALBOT, Michael. *Misticismo y Física moderna.* Barcelona: Kairós, 1986.

TURRINI, Enrico. *La via del Sole.* S. Domenico di Fiesole, Edizioni Cultura della Pace, 1990.

XAVANTE, Jerónimo; GIACCARIA, Bartolomé e HEIDE, Adalberto. *Mitologia Xavante.* Quito: ediciones Abya-Yala/MLAL, 1991.

WEBER, Felix. *A dança do cosmos.* São Paulo: Pensamento, 1990.

WEBER, Renée. *Diálogos com cientistas e sábios — a busca da Unidade.* São Paulo: Cultrix, 1991.

WEIL, Pierre. *A consciência cósmica.* Petrópolis: Vozes, 1989.

WEINBERG, Steven. *Os três primeiros minutos do Universo.* Lisboa: Gradiva, 1987.

WEINER, Jonathan. *Planeta Terra.* São Paulo: Martins Fomes, 1988.

WILSON, E. O. *Sociobiology.* Harvard University Press, 1975.

ZOHAR, Danah. *O ser quântico.* São Paulo: Best Seller, 1991.

SOBRE O AUTOR

Autor de 54 livros, editados no Brasil e no exterior, Frei Betto nasceu em Belo Horizonte (MG). Estudou jornalismo, antropologia, filosofia e teologia. Lecionou física, química e biologia.

Frade dominicano e escritor, ganhou em 1982 o Jabuti, principal prêmio literário do país, concedido pela Câmara Brasileira do Livro (CBL), por seu livro de memórias *Batismo de sangue*. Em 1986, foi eleito Intelectual do Ano pela União Brasileira de Escritores, que lhe conferiu o prêmio Juca Pato por *Fidel e a religião*. Em 2005, o júri da CBL premiou-o mais uma vez, agora na categoria Crônicas e Contos, pela obra *Típicos tipos — perfis literários*.

Foi coordenador da Articulação Nacional de Movimentos Populares e Sindicais (Anampos), participou da fundação da Central Única dos Trabalhadores (CUT) e da Central de Movimentos Populares (CMP). Em 1987, recebeu o prêmio de Direitos Humanos da Fundação Bruno Kreisky, em Viena. Integrou, por cinco anos (1991-1996), o conselho da Fundação Sueca de Direitos Humanos.

Prestou assessoria à Pastoral Operária do ABC, ao Instituto da Cidadania e às Comunidades Eclesiais de Base (CEBs). Foi também consultor do Movimento dos Trabalhadores Rurais Sem Terra (MST).

Em 2003 e 2004 atuou como assessor especial do Presidente da República e coordenador de Mobilização Social do

Programa Fome Zero. É sócio fundador do programa Todos pela Educação.

Nos últimos anos, recebeu 15 prêmios, inclusive internacionais, por sua luta incansável em prol dos Direitos Humanos.

Com várias obras editadas em diversos países, destacamos:

Batismo de sangue: os dominicanos e a morte de Carlos Marighella. Rio de Janeiro: Civilização Brasileira, 1982 (7ª edição, 1985). Rio de Janeiro: Bertrand Brasil, 1987 (10ª edição, 1991). São Paulo: Círculo do Livro, 1982. Em 2000 foi lançada a 11ª edição revista e ampliada *Batismo de sangue: a luta clandestina contra a ditadura militar — Dossiês Carlos Marighella & Frei Tito* pela editora Casa Amarela, São Paulo. Em 2006, foi lançada a 14ª edição, revista e ampliada, pela Editora Rocco.

Minas do ouro. Rio de Janeiro: Rocco, 2011.

Sinfonia universal: a cosmovisão de Teilhard de Chardin. Petrópolis: Vozes, 2011.

A arte de semear estrelas. Rio de Janeiro: Editora Rocco, 2007.

A mosca azul – reflexão sobre o poder. Rio de Janeiro: Rocco, 2006.

Calendário do poder. Rio de Janeiro: Rocco, 2007.

Entre todos os homens. São Paulo: Ática, 1997 (8ª edição, 2008). Na edição atualizada, ganhou o titulo *Um homem chamado Jesus*. Rio de Janeiro: Rocco, 2009.

Este livro foi impresso nas oficinas da
Distribuidora Record de Serviços de Imprensa S.A.
Rua Argentina, 171 – Rio de Janeiro, RJ
para a Editora José Olympio Ltda.
em maio de 2012

*

78° aniversário desta Casa de livros, fundada em 29.11.1931